新物流与供应链运营管理

柳 荣◎著

NEW LOGISTICS AND
SUPPLY CHAIN OPERATION
MANAGEMENT

人民邮电出版社

北京

图书在版编目（CIP）数据

新物流与供应链运营管理 / 柳荣著. -- 北京：人
民邮电出版社，2020.1
ISBN 978-7-115-52457-7

Ⅰ. ①新… Ⅱ. ①柳… Ⅲ. ①物流管理－研究②供应
链管理－运营管理－研究 Ⅳ. ①F252.1

中国版本图书馆CIP数据核字(2019)第257153号

内 容 提 要

随着电子商务、物联网、人工智能、云计算等新技术的普及与迅猛发展，传统的物流与供应链面临着极大的挑战。新零售浪潮的涌现，对物流和供应链提出了高效、敏捷、数据化、智能化、系统化等更高的要求。物流作为供应链中的重要一环，地位举足轻重。如何构建新物流体系，从而做好供应链运营，是现代企业亟待解决的问题。

本书从供应链在新零售时代的表现出发，从传统物流面临的挑战与发生的改变、新物流的变革、物流管理方法、智慧供应链与物流结合策略等层面，阐释了新物流体系的构建、管理策略等相关内容。本书图文结合，通过实操内容展现了新物流管理与智慧供应链运营的全貌，既有理论高度，又具可操作性。

◆ 著　　　　柳　荣

责任编辑　李士振
责任印制　周昇亮

◆ 人民邮电出版社出版发行　　北京市丰台区成寿寺路 11 号
邮编　100164　电子邮件　315@ptpress.com.cn
网址　http://www.ptpress.com.cn

北京九州迅驰传媒文化有限公司印刷

◆ 开本：720×960　1/16
印张：15.25　　　　　　　　2020 年 1 月第 1 版
字数：288 千字　　　　　　2025 年 6 月北京第 20 次印刷

定价：69.80 元

读者服务热线：**(010)81055296**　印装质量热线：**(010)81055316**
反盗版热线：**(010)81055315**

物流是物理关系，供应链是逻辑关系。在市场个性化的需求下，供应链的重构让物流产生了新的趋势与运营模式。本书为对供应链新物流感兴趣的朋友打开了一个全新视角。

近年来，"智能"已成为社会发展的关键词，"智慧"也已成为供应链革新的核心，曾经只存在幻想中的场景也已走进现实。

未来已来！

随着新零售浪潮的到来，在数据驱动与渠道的融合中，消费者的海量个性化需求对供应链运营管理提出了更高的要求：高效、敏捷，数据化、智能化、系统化……在其中，物流业的支撑性和先导性作用也愈发明显。

在全新的商业模式与场景下，传统物流与供应链运营管理也面临着巨大的挑战。

如何构建新物流模式，如何让物流更高效、快捷，如何做好供应链运营，面对这些问题，每位企业家都需要一个完整的物流解决方案——这也是笔者编写本书的出发点。

事实上，要解决这些问题，企业就必须在走向新物流的过程中，逐步打造智慧供应链系统。

在智慧供应链系统中，企业可以利用数据精准洞察消费趋势，从而进行快速、准确的商品企划决策，根据市场需求及时调整生产节奏，减轻库存短缺或过剩造成的负担。

而要完成这些工作，就需要物流环节的紧密配合。否则，再好的产品也无法满足消费者的需求，再强大的竞争力也会因为物流环节的拖延而陷入泥潭。

在新零售、新物流的发展以及新供应关系诞生之际，笔者希望本书的理论研究与实操设计能够为从业者提供帮助，也希望本书能够更好地推动智慧供应链健康发展。

本书在创作中难免有疏漏与不足之处，恳请广大读者批评指正。

柳荣

目录

第1章 未来已来：新物流的时代背景

第 2 章　困则思变：传统物流的挑战与改变

第 3 章　变革供应链：新零售驱动下的新物流

第4章　融合共生：智慧供应链中的物流管理实践

第 5 章　智能整合：智慧供应链运营的 7 个目标

第 1 章

未来已来：
新物流的时代背景

作为当下的热门话题，无论是传统零售行业，还是电子商务、科技、金融行业，都在谈论新零售带来的新机遇。2019 年，关于新零售的新业态、新场景不断涌现。在此过程中，新物流的发展也日新月异。

1.1 新零售时代需要新物流

"新零售"的概念源自马云在 2016 年阿里巴巴云栖大会上的演讲。在马云的描述中，伴随着电子商务（简称电商）的不断发展，电商平台的作用将被不断削弱直至消失，在线上、线下和物流的共同发展中，新零售时代也将到来。

所谓电商平台的消失，其实是指电商平台的分散化，每个人、每家店铺都可以搭建自己的电商平台，而不再是汇聚在天猫、京东、拼多多等大型电商平台。

在这样的理解下，阿里研究院也给了"新零售"一个明确的定义：新零售，即以消费者体验为中心的数据驱动的泛零售形态。

近两年来，基于对新零售时代大势的共识，阿里巴巴和京东的积极表现更是将新零售推上了风口浪尖。

仅 2017 年，阿里巴巴就在新零售领域布局了十大投资项目，投资总额高达 136 亿美元，并借助对银泰商业的投资，将银泰商业全国 29 家百货商店及 17 个购物中心纳入了阿里巴巴的新零售版图。

2017 年，京东提出"无界零售"概念，开始与腾讯、今日头条等头部媒体展开深入合作，并与中石化、沃尔玛等打造"无界零售"模式，陆续推出超过 400 个合作项目，复投率达到 61%。

天猫小店、智能母婴室，京东超市……在接连不断的资本投资下，阿里巴巴和京东通过入股、并购、自建等手段，积极探索和布局新业态，以持续提升消费体验。

在对新零售的持续探索中, 传统物流成为新零售发展的桎梏: 据统计, 截至 2018 年, 我国物流成本占 GDP 的比重高达 15%, 而发达国家的这一比例只有 7%~8%。高成本、低效率的传统物流不利于我国商业模式的革新。

因此, 关于新物流的讨论也逐渐展开, 成为各界关心的重点课题。

2018 年, 在杭州召开的全球智慧物流峰会上, 马云提到, 阿里巴巴将投入上亿元甚至更多资金, 以打造国家智能物流骨干网, 力争将我国物流成本占 GDP 的比重降至 5% 以下。

2018 年 4 月, 在"无界零售"引申出的"无界物流"概念下, 京东定位自己为一家用技术打造供应链服务的公司。

在博鳌亚洲论坛中, 京东物流业务负责人对未来的全球物流做出了全新判断, 随着无界零售时代的到来, 未来的消费场景将变得无处不在、无时不有。消费者希望获得"所想即所得"的极致体验。这最终需要通过物流来实现。因此, 物流将面临深刻变革, 并最终达到"无界物流"这一终极状态。

2018 年 7 月 10 日, 罗兰贝格发布了最新报告——《新零售下中国物流企业的应对之道》。该报告旨在揭示中国供应链组织方式及物流配送模式在新零售时代发生的深刻变化, 探讨中国物流企业该如何在新零售浪潮下选择制胜之道。

阿里巴巴、京东等新零售开拓者们正在不断加大对新物流领域的投入; 罗兰贝格等物流行业的研究者们正在不断深化对新物流的研究⋯⋯其原因就在于新零售时代需要新物流!

1.1.1 新零售模式的特征

新零售是线上、线下和物流的有机结合，其中，线上指云平台，线下指销售门店或厂商，物流用于减少囤货压力甚至消灭库存。

新零售模式具有两大鲜明特征。

特征一：数据驱动，以消费者的多样化需求为出发点

在传统零售模式下，供应商或品牌商往往在零售链条中占主导地位，负责商品的设计和生产；零售商只能根据历史经验或市场判断做出采购决策；消费者则是完全被动的接受者，只能在已有的商品中进行选择。

相比而言，新零售模式能够真正实现以消费者的需求为出发点，以数据驱动供应链运转。

在新零售时代，消费者的行为数据和消费需求更容易获取，供应商、零售商都可以及时、准确、完整地获取消费者的真实需求，并对此进行分析、预测，最终为消费者提供个性化、定制化的产品或服务。

数据驱动不仅包含消费者数据的实时共享，也涵盖了库存数据的动态共享。这就使"零库存"的柔性生产成为可能，使供应链的整体效率大大提升，也能极大满足消费者的多样化需求。

特征二：渠道融合，将线下门店资源打造为体验店

在传统零售模式下，线下门店的核心功能就是商品陈列和营销互动，其作用体现在"货"与"人"的链接，其价值在于流通和营销。

在新零售模式下，伴随着线上、线下边界的逐渐模糊，线下门店的"链接"作用也在不断弱化。

事实上，如今更常见的消费模式是：

消费者先在线上接收到商品的营销信息并了解商品的基本属性，产

生初步的消费欲望；再去线下门店体验商品和服务，做出消费决策。此时，消费者可以直接在线下门店购买，也可通过 APP 在线购买，选择由物流送货上门或现场提货。

在渠道融合的消费模式下，传统线下门店的流通价值转移到了物流环节，营销价值转移到了线上环节，线下门店的价值转变为体验价值和物流价值。

此时，线下门店的主要功能是激活体验服务。与此同时，部分大中型门店也可以建立末端仓配定位，进一步提升物流效率。

1.1.2　新零售时代的共享路径

新零售时代的数据驱动及渠道融合为线上、线下零售供应链提供了共享路径，供应链运营也由此走向共享。其中，最为突出的两大共享路径如下。

共享路径一：数据与配送能力共享

在数据驱动的新零售时代，线上零售商大多具备极强的数据获取和分析能力，能够更加准确地制订需求预测及采购与物流计划。

和相对集中的线上平台相比，分散的线下零售商拥有更丰富的网店物流配送价值，能够实现更快速的配送，并在配送成本方面极具竞争力。

因此，当线上零售商的数据能力与线下零售商的配送能力实现共享时，新零售也将释放出更为显著的协同效应。

共享路径二：采购与仓储能力共享

基于成本优势，线上零售商拥有更多的 SKU[1]（Stock Keeping Unit，库存量单位），但其订单也更分散。线下零售商虽然 SKU 有限，但有着更高的规模化程度。

1　SKU 的全称为 Stock Keeping Unit（库存量单位），即库存进出计量的基本单元，可以是以件、盒、托盘等为单位。SKU 现在已经被引申为产品统一编号的简称，每种产品均对应有唯一的 SKU 号。

因此，双方可以共享采购、仓储及运输环节的核心资源，从而形成更可观的规模效应。

1.1.3　新零售时代的物流需求

通过对新零售模式的特征和共享路径的分析可以看出，物流在其中发挥着巨大的效用。新零售的出现与发展，对与零售业密切相关的物流业也提出了新的需求。

在新零售时代，人们需要构建新物流生态。与传统物流生态相比，新物流生态在前台、中部、后台都有不同的表现，如图1.1-1所示，新物流生态必须掌握按需定制、高效赋能等手段，才能真正顺应新零售时代的发展。

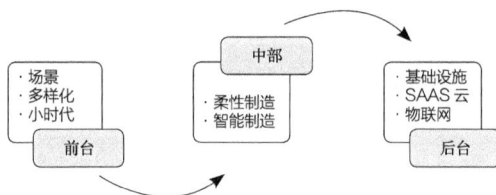

图 1.1-1　新物流生态

注：SAAS，是 Software-as-a-service 的缩写名称，意思为通过网络提供软件服务。

这里，我们也借用菜鸟网络对"新物流"的定义：新物流是物流全要素、全流程、全场景的重构，是对传统物流的整体升级，让物流跟得上商业快速迭代的步伐。

具体而言，新零售时代的物流需求如下。

物流需求一：点对点、分钟级

现代物流业的快速发展，离不开电商行业的持续高速增长。如今，线上零售的物流模式也已稳定，如图1.1-2所示。

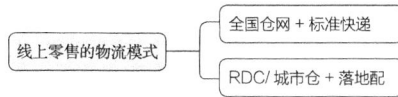

图 1.1-2　线上零售的物流模式

注：RDC 即区域分发中心（Regional Distribution Center）。它是近年来一种极为重要的物流运营模式。区域分发中心是指物流公司具体进行业务的分发、配送中心，一般设有运输部、资讯部、仓务部和综合部。

在这样的物流体系下，消费者大多可在 3 天内甚至 1 天内收到线上购买的商品。随着新零售模式的逐步推进，消费者对物流的需求也不断提升，尤其在及时性和服务性方面，消费者希望获得更快的物流配送和更好的物流服务。

因此，我国物流体系继续演进出"点对点、分钟级"的物流配送模式，其核心就在"即时配送"及"店仓一体（含前置微仓）"，将物流时效的计算单位从"天"缩短至"分钟"。

物流需求二：分工与协作

针对新零售时代出现的新物流需求，物流行业想要在及时性和服务性上实现极大提升，就离不开行业内的清晰分工和紧密协作。

在《新零售下中国物流企业的应对之道》中，罗兰贝格将物流从业者分为 3 类，如图 1.1-3 所示。

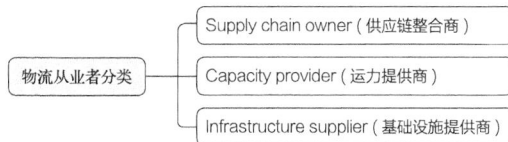

图 1.1-3　物流从业者分类

只有在 3 类从业者的分工协作中，我国物流行业才能真正适应新零售时代的发展，掌握新零售时代的制胜之道。

（1）供应链整合商

身处前端的供应链整合商距离消费者更近，因而具有更强的数据获取能力。

供应链整合商可以充分发挥数据获取优势，提升数据分析能力，为供应链提供更加准确的供应链计划，并为利益相关方提供指导。

供应链整合商在供应链环节中的定位就是"计划者"和"整合者"，可充分发挥数据驱动、供应链计划及三方资源整合能力，站在全局的角度提升供应链的协同效应，并释放规模效应。

（2）运力提供商

运力提供商的专长能在运输、仓储环节中得以发挥。在新物流的需求下，运力提供商也应逐步回归专长，并借助物流科技，专注于物流运营效率的提升，如线路规划、运力调度、服务培训等。

运力提供商的角色定位是"运输专家"，其应聚焦于物流交付时效和稳定性的提升，同时降低运输成本、增强服务能力。

（3）基础设施提供商

基础设施提供商的核心竞争力为仓储网络布局和库内高效周转。这也是供应链对提升柔性能力的需求结果。

基础设施提供商的定位是"赋能专家"，通过仓储网络分析及规划、土地资源获取、柔性科技研发及应用，可以为供应链各节点赋能，以提升供应链的运营效率。

新零售时代需要新物流。只有当线上、线下与物流有机结合在一起，数据驱动、渠道融入供应链运营管理当中时，在按需定制、高效赋能及分工协作中，新零售才能顺利推进。

1.2 智慧供应链需智能、敏捷的物流支撑

近年来，跟新零售一同被市场追捧的就是智慧供应链。在"工业 4.0"浪潮

推动下，智能制造已经成为制造业创新升级的突破口与载体。

智能制造不只局限于制造环节，随着生产、物流、信息等要素纷纷走向智能化，整条供应链都将"智慧"作为主攻方向。

2017 年 10 月，《关于积极推进供应链创新与应用的指导意见》（以下简称《意见》）的发布，为智慧供应链带来了政策风口。

《意见》明确指出："到 2020 年形成一批适合我国国情的供应链发展新技术和新模式，基本形成覆盖我国重点产业的智慧供应链体系……中国成为全球供应链创新与应用的重要中心。"

事实上，智慧供应链同样是新零售时代的必然发展。

在新零售时代，面对多样、多变的消费需求，供应链必须变得更加智慧、高效才能快速响应消费需求，为消费者提供所需的产品或服务。

1.2.1　OTEP 模型下供应链模式的选择

面对全球化竞争，我国大多数企业采用低成本的竞争型战略。

随着新技术的应用和新零售的发展，企业必须改变竞争战略以适应市场的需求。一旦选择了恰当的战略，就要选择合适的供应链模式来支持战略的发展。

如何选择合适的供应链模式？

为了更好地解释与对比，我们结合市场需求的产品种类与数量，直观地绘制四象限，如图 1.2-1 所示。

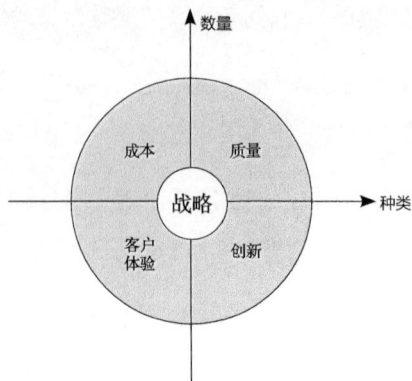

图 1.2-1　市场需求的产品种类与数量四象限图

结合图 1.2-1 中的内容，我们再以表的形式展现不同的竞争情形，如表 1.2-1 所示。

表 1.2-1　不同的竞争情形

象限	产品的种类	产品的数量	竞争定位
第一象限	多	多	质量
第二象限	少	多	成本
第三象限	少	少	客户体验
第四象限	多	少	创新

从图 1.2-1 和表 1.2-1 中可以看出，企业是依据制造 / 服务的产品的品类差异，寻找出自己差异化竞争的立足点，以参与市场竞争。

同时，我们也可以根据种类与数量的关系，确立 4 种战略定位。由差异化的战略定位导出供应链的差异，如图 1.2-2 所示。

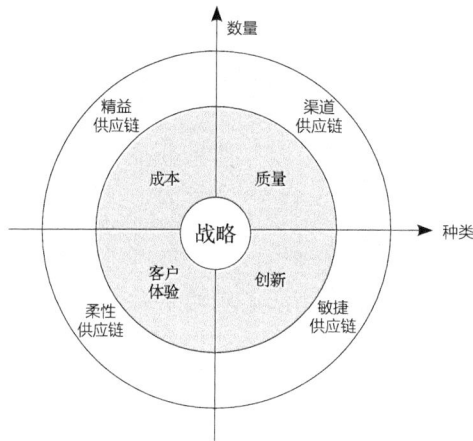

图 1.2-2 供应链模式

结合图 1.2-2 中的内容，我们再以表的形式展现不同竞争情形下的供应链，如表 1.2-2 所示。

表 1.2-2 不同竞争情形下的供应链

象限	产品的种类	产品的数量	竞争定位	供应链类型
第一象限	多	多	质量	渠道供应链
第二象限	少	多	成本	精益供应链
第三象限	少	少	客户体验	柔性供应链
第四象限	多	少	创新	敏捷供应链

1. 渠道供应链

产品的数量、种类都很多时，企业对供应链的管控工作需要一个庞大的团队来完成，以对质量、交期、服务、成本等要素进行管控。由于涉及的产品线丰富，管理成本高且效果大打折扣，因此，很多企业将有共性的产品交由固定的渠道商管理，以节约成本、提高效益。如沃尔玛，因为采购品种多、数量也大，所以往往会委托渠道商采购。

2. 精益供应链

产品数量很多、种类较少时，需求市场中的竞争通常比较激烈，各供应商最后只能拼价格。这种市场竞争下的供应链强调总成本导向。比如，丰田汽车采用的就是这种供应链。

3. 柔性供应链

产品数量和种类都较少时，市场需求偏向于个性化定制。这种个性化市场通常需要供应链柔性响应。

4. 敏捷供应链

产品数量很少、种类很多时，市场需求偏向于大规模定做、模块化生产，需要个性化与快速响应的敏捷供应链。

战略关注点的不同导致供应链支持方式的不同。将供应链竞争优势及供应链相结合，可推演出供应链竞争模型，如图 1.2-3 所示。

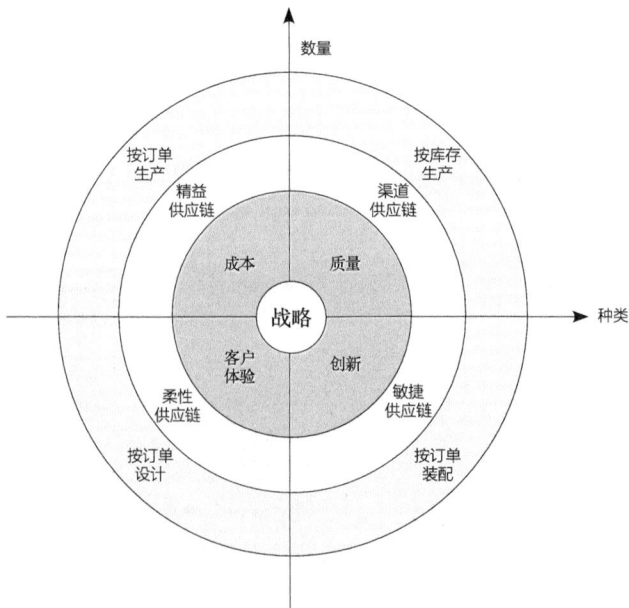

图 1.2-3　供应链竞争模型

结合图 1.2-3 和表 1.2-3 可以看出，不同的供应链运营模式通常需要不同的生产 / 服务方式来支持。

表 1.2-3　供应链竞争模型对比

象限	产品的种类	产品的数量	竞争定位	供应链类型	生产 / 服务方式
第一象限	多	多	质量	渠道供应链	按库存生产
第二象限	少	多	成本	精益供应链	按订单生产
第三象限	少	少	客户体验	柔性供应链	按订单设计
第四象限	多	少	创新	敏捷供应链	按订单装配

将供应链的竞争优势及供应链相结合并不断细化，制定采购供应方案，就能得到采购与供应链竞争模型，如图 1.2-4 所示。

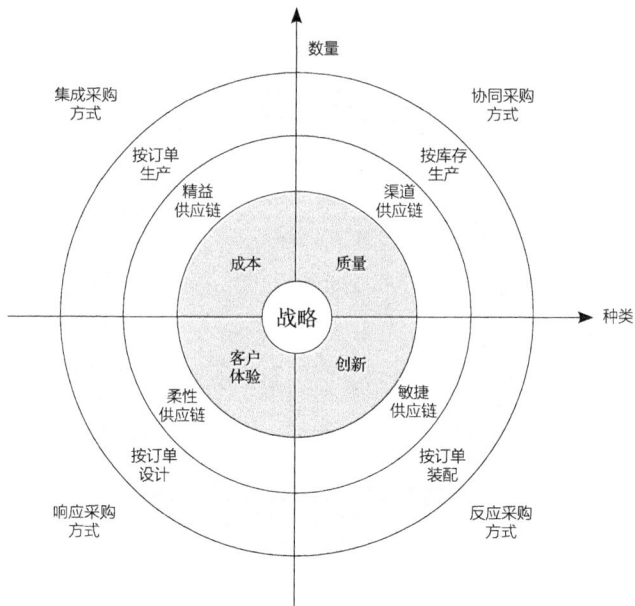

图 1.2-4　采购与供应链竞争模型

结合图 1.2-4 与表 1.2-4，我们可以看出，企业不同的竞争战略需有不同的采购战略来支撑。通过品类分析决定企业的竞争战略，最终通过供应链战略推

导出企业的 4 种采购战略。每一种采购战略对应不同的采购策略、供应商管理
方式、成本管控方案与商务合作方式。

表 1.2-4　采购与供应链竞争模型对比

象限	产品的种类	产品的数量	竞争定位	供应链类型	生产 / 服务方式	采购战略
第一象限	多	多	质量	渠道供应链	按库存生产	协同采购
第二象限	少	多	成本	精益供应链	按订单生产	集成采购
第三象限	少	少	客户体验	柔性供应链	按订单设计	响应采购
第四象限	多	少	创新	敏捷供应链	按订单装配	反应采购

如果企业以质量为竞争导向，则应尽量采用协同采购策略，并关注供应商
的质量与价格，也因此会在服务与交期方面妥协。如果企业只要求供应商物美
价廉、多快好省，那么企业不但无法与供应商达成战略资源协同，还会给采购
管理者与执行者造成困扰，费时、费力甚至会把供应关系闹僵。

所以说战略就是取舍，有所为，有所不为。

1.2.2　从敏捷、柔性供应链到智慧供应链

了解了供应链的类型后，读者就能理解在新零售时代，物流应该做出什么
样的变革。在新零售时代，个性化、定制化需求旺盛，自然要求企业按订单设计、
装配，注重客户体验，懂得创新。

新零售时代驱使各类制造商生产的款式不断增多，而单一 SKU 的产品数量
又急剧缩减。需求碎片化造成了生产的碎片化，这又对供应链的灵活程度提出
了更高的要求，由此产生了智慧供应链。

1. 敏捷、柔性供应链

敏捷、柔性供应链可以实现快速研发、生产，按订单设计并确保及时配送，
可以在创新的同时给客户带去极好的体验。

以服装行业为例，传统供应链开发一个系列的产品可能需要 3 ～ 6 个月，而数字化手段则能够将整个研发周期缩短至 1 周。

2. 智慧供应链

智慧供应链可以实现供应链的随需而动，根据需求随时自由切换状态。图 1.2-5 所示为新零售时代的智慧供应链与物流智慧化的表现。

在渠道融合下，各行各业都在向全渠道经营靠拢。不过线上电商和线下门店对于供应链节奏的需求有所不同。供应链应在各个环节进行智能调整，如统一审批流程、最低订货要求等。

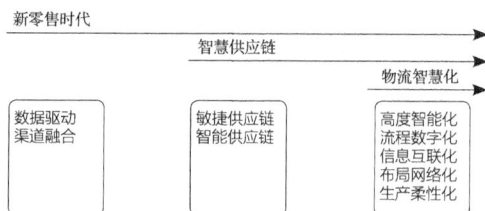

图 1.2-5　新零售时代的智慧供应链与物流智慧化的表现

是否能够利用新技术提高效率，已成为当下供应链生存和决胜的关键问题。

一个高效的供应链系统必定能够利用数据精准洞察需求变化，引导供应链企业快速、准确地制订计划和决策，并及时调整生产节奏、控制库存平衡。

正如行业人士所说，在传统供应链中，相互割裂的商流、信息流和资金流已被互联网技术重新连接起来，为现代供应链管理奠定了基础。

近年来，随着新一代物联网技术的广泛应用，尤其是人工智能、工业机器人、云计算等技术迅速发展，商流、信息流、资金流和物流"四流"得以高效连接，传统供应链进而发展到智能供应链新阶段。

智能供应链连接了生产制造企业的生产系统，为企业提供智能虚拟仓库和精准物流配送，生产企业可以专注于制造，而不再需要实体仓库。这将从根本上改变制造业的运行流程，提高管理和生产效率。

1.2.3　智慧供应链对物流提出新需求

供应链的改变聚焦于智能、敏捷的模式，而智慧供应链同样需要智能、敏捷物流的支撑。

那么，智慧供应链对新物流提出了哪些需求呢？

需求一：高度智能化

智能化是智慧供应链最显著的特征之一。

需要明确的是，智能化物流不等于自动化物流。它不仅包括存车处、输送、分拣等单一作业环节的自动化，还包含机器人、RFID（Radio Frequency IDentification，射频识别）、MES（Manufacturing Execution System，制造执行系统）、WMS（Warehouse Management System，仓库管理系统）等智能化硬件与软件的应用。

基于先进的物联网技术、人工智能技术、计算机技术和信息技术，新物流的整个流程都可以实现自动化与智能化，这也是智能制造与智能物流有效融合的基础。

需求二：流程数字化

在智慧供应链的框架体系内，智能与敏捷被不断提及，而要实现智能与敏捷，就要求实现供应链全流程的数字化，对其进行实时控制。

物流的智慧化同样如此。只有确保供应链内部的全部物流流程数字化，才能将供应链上的各环节智能地连接在一起，物流的个性化、高端化、参与感和快速响应才有可能实现。

在这一过程中，大数据、云计算技术都将发挥基础性作用，供应链应重视相关技术的应用。

需求三：信息互联化

智慧供应链的核心就在于信息的有效、及时联通，因此，物流信息系统同样需要满足智慧供应链的需求，如图 1.2-6 所示。

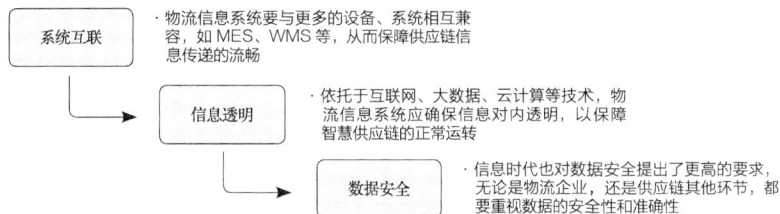

图 1.2-6　物流信息系统要满足智慧供应链的需求

需求四：布局网络化

借助物联网和互联网技术，智慧物流系统中的各类设备智能地连接在一起，构成了一个全方位的网状结构。该网络中的每个节点都可以快速地进行信息交换和决策。

布局网络化的核心就在于物流环节中各类资源的无缝连接，确保从原材料采购到产品交付整个环节的智能化。

需求五：生产柔性化

无论是新零售还是智慧供应链都面临着同一市场现状，即消费者需求的高度个性化。在大规模定制的市场环境下，生产柔性化愈趋重要，而当产品创新持续加速、生产节奏不断提升时，物流系统也将面临新的挑战。

物流系统的智慧化体现为根据市场节奏而灵活调节，这可以助力企业提高效率、降低成本。

在智慧供应链的政策风口和人工智能等技术的支持下，物流业同样要顺势而为，利用精细、动态、科学的管理方式实现物流的智能化、数字化、互联化、网络化和柔性化，主动谋求创新发展，为行业发展创造新机遇。

1.3　新零售与新物流的五大价值

无论是新零售还是背后的智慧供应链，都对物流提出了新的要求，物流行业正处于创新变革的风口。与此同时，国家出台的各类政策措施支持和引导物流行业的高速发展，如图 1.3-1 所示。

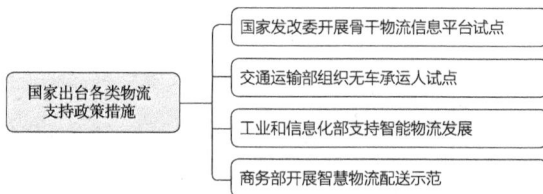

图 1.3-1　国家出台各类物流支持政策措施

市场的需求、技术的支撑、政策的引导，将新零售和新物流带入了新的发展阶段。在新零售时代，新物流的发展也将促进供应链的发展。

在介绍阿里巴巴的物流布局时，菜鸟网络指出，阿里巴巴已经把整个新零售的格局打开，大家全速向新零售前进。在这个过程中，菜鸟作为基础设施的提供方，为所有商家及整个新零售大军提供解决方案。通过全渠道、全场景、一盘货的分享，真正实现库存的最优配置。

在新零售时代，零库存已经成为可能，而要做到这一点，就要对物流的全要素、全场景进行重构，这也是新零售与新物流创造的价值所在。

着眼于物流行业，其价值主要体现在 5 个层面。

1.3.1　物流功能变革：提升物流价值

物流行业发展的前提在于市场需求，即商流。物流系统的功能在商品的规模流通以及工业化进程中逐渐形成。

然而，在工业化初期到中期的发展中，生产规模相对较小，有限的商品种类和狭窄的商流渠道使物流的基本功能局限于简单的运输和仓储，其核心只是为了实现商流的物体形态的转移。

新零售与新物流的发展加速了物流功能变更的脚步，物流的价值也不再局限于传统的商品转运，而是拥有了优化渠道和创造价值的功能。

1. 新物流强化物流能力

随着商流规模的日趋扩大以及渠道体系的持续扩张，物流规模也在不断增长。基于日趋完善的物流设施和革新升级的物流技术，尤其是伴随着新物流的发展，物流行业已经能够充分满足和实现基本的商流转移功能。

2. 新零售提升物流效能

在新零售时代，市场竞争环境和市场需求对物流行业提出了更高的要求：物流行业不仅要完成诸多工作，还要通过科学分拣、合理包装，真正实现物流效能的提升和渠道流程的优化，为供应链运营创造价值。

1.3.2 物流产业链变革：向上下游延伸扩张

传统物流的核心功能仍然停留在如搬运、转运、运输、保管、装卸等基本环节。

显而易见，上述环节都是所谓的"体力活"。在新物流框架下，这些"体力活"正在被机器所取代，各类机器人的开发，极大地提升了搬运、装卸的效率和安全度。

很多从业者将这看作是物流行业"被机器取代"的征兆，事实上，新物流也为物流行业带来了产业链变革的机会。物流行业完全可以向产业链上下游延伸、扩张。

1. 纵向延伸

新物流使传统物流行业纵向延伸，即传统物流行业可以不断向产业链两端延伸，将更多产业链节点纳入采购、分销、配送、维修等物流环节。

2. 横向扩张

新零售使物流行业跨界发展成为可能：一方面，物流产业可以借助集聚效应，构建现代物流产业园或物流特色小镇；另一方面，物流产业也可以跨界发展其他产业，如旅游、酒店、会展等。

1.3.3 物流空间变革：行业布局和分布

早期来看，物流行业的布局核心一般是制造中心城市或商贸中心城市——这些城市拥有更多的物流集散需求。基于这些城市的商流辐射，物流通道和渠道网络体系也逐渐形成。

一直以来，物流行业的布局和分布都呈现出被动性的特征。在新零售时代，随着物流发展环境的整体变化，物流行业的支撑性和先导性作用愈发凸显。这也为物流行业的空间变革创造了机遇，具体体现在 5 个方面。

1. 向下沉淀

传统物流的空间布局一直聚焦于城市，而在新零售渠道下沉的过程中，新物流业应当发挥支撑性作用，从城市向农村扩张，不断向下沉淀建立起县、乡、村物流体系，并将农村物流作为物流行业布局的重要方向。

2. 向外扩张

在经济全球化的今天，推进国际物流空间布局也成为我国物流业的重要战略。我国物流业必须精心设计与建设全球"海外仓"及配送体系，并与国际物流渠道相连通，以适应跨境电商、跨境分销、跨境贸易的发展需求。

例如，顺丰速运就在俄罗斯、欧盟等地发展海外仓业务，为跨境电商客户量身打造物流服务，以降低物流运营成本、提高订单响应速度。顺丰速运海外仓的服务特性如下。

①系统化，完成与第三方 ERP（Enterprise Resource Planning，企业资源计划）的对接；

②当天出库，当天上网；

③本地发货，时效更优，最快可以 24 小时内签收；

④本土化操作，提高店铺评分，提高客户满意度；

⑤可支持退货，可提供仓储融资、出口退税等服务。

3. 深入探索

物流行业向外部扩张的同时，也要关注现有物流体系的深入探索，如生产制造业内部或社区生活内部。尤其是在电商蓬勃发展的过程中，以时效为重心的快递物流，将能够支撑制造业和服务业的发展。

4. 体系建立

无论是在向下沉淀、向外扩张还是深入探索，都是物流业体系建立的途径。基于各种不同的物流基础设施，各个物流网点必将连在一起，由点到线到面，在空间上形成集聚和整合。只有这样，才能真正建立起布局合理、运行高效的现代物流体系，释放出新物流的最大效能。

5. 层次梳理

新零售的根源在于多样化的客户需求，而这也将催生出更加多元的经济模式。对此，物流行业也要进行层次梳理，建立多层次的物流体系，以服务不同的经济模式，如图 1.3-2 所示。

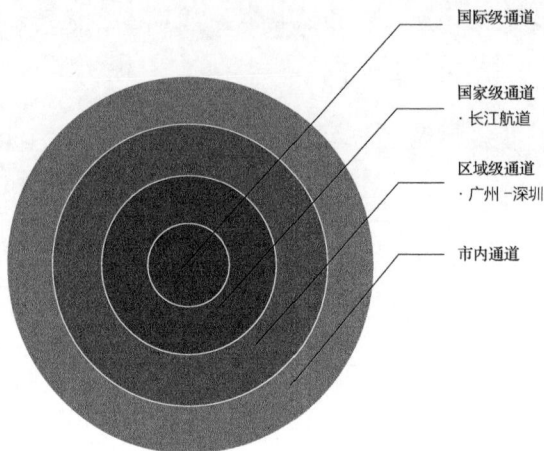

国际级通道

国家级通道
· 长江航道

区域级通道
· 广州 - 深圳

市内通道

图 1.3-2　多层次物流体系

1.3.4　价值重心转移：增强智慧服务

传统物流的价值重心更多表现为力量，无论是传统的人力物流还是如今的机械化物流，都是如此。传统物流的力量作用过程也只是简单转移和实现价值。

新物流则为物流业融入了更多的智慧要素，开始展现出物流的智慧效能，如物流流程的优化、物流渠道的设计，物流与柔性生产、品牌推广的融合等。

在云计算、大数据的技术应用及信息、数据价值的挖掘过程中，物流业不再是简单地转移和实现价值，而是能进一步提升和创造价值。

随着这一趋势的推进，物流行业的价值重心也将转移至智慧服务。

1.3.5　管理工具变革：聚焦供应链管理

传统的物流运输、仓储功能只需一般性的管理工具即可完成，但在新零售时代，向智慧物流演进的新物流想要发挥出应有的效能，就要更多地参与到产业链、价值链和创新链的再造过程中。

此时，一般性的管理工具和传统的管理经验也开始普遍失去效用。因此，新物流为物流产业带来了管理工具的变革——现代供应链管理。

时至今日，区别传统物流与现代物流的一个基本指标，就是能否有效应用供应链管理工具。

1.4　人、货、场重构下的新物流与智慧供应链

2017 年被看作"新零售元年"，2018 年则可看作"新物流元年"。有人将 2019 年～2023 年定义为"新物流时代"，在新零售对人、货、场的重构下，新物流与智慧供应链也将迎来不错的发展机遇。

在与菜鸟网络的合作中，行业内人士就表达过这样的观点。

对商家而言，订单来源于线上还是线下不重要，重要的是订单量能够增加。因此，商家需要获取用户的需求信息，以此来打造用户喜欢的产品，提供更好的用户体验，优化服务的同时降低运营成本。

订单量增加的关键是在人、货、场的点上快速紧密重叠，借助菜鸟网络能够给予商家更多支持和方向性的引导。

那么，以菜鸟网络为代表的新物流与智慧供应链如何实现人、货、场在点上的快速紧密重叠呢？

对此，我们首先要理解因新零售而重构的人、货、场。

1.4.1　人、货、场的关系更迭

"人、货、场"是零售链条上的 3 个核心要素，分别代表消费者、商品和销售场所。只有 3 者聚集在一起时，零售才有可能达成。

随着零售行业的不断发展，人、货、场的关系也经历了 3 次更迭。

1. 货→场→人

在商品经济发展之初，商品品类及规模远远不足以满足市场的大量需求。此时，"货"成为零售行业的核心，任何人只要手里有"货"，就能通过合适的场所快速销售出去。

在这种情况下，消费者处于零售链条的最末端，只能被动等待商品的出现，在零售市场上几乎不具备话语权。

2. 场→货→人

随着商品经济的不断发展，人们的消费需求基本得到满足。此时，处于核心地位的是"场"，只有占据黄金位置的商品，才能在消费者的选择中赢得先机。

这里的"场"不仅指黄金地段，也指"黄金门店""黄金货架"……对于不同品牌的同类商品而言，谁处于黄金位置，谁就更容易得到消费者的认可。

3. 人→货→场

时至今日，在高度繁荣的商品经济环境下，随着消费水平的提高，消费者的消费偏好和需求也随之发生变化。与此同时，当互联网时代将销售、推广都转移到了线上，消费者终于占据了零售行业的主导地位。

当今的消费者不仅追求商品的质量与价格，也追求更好的服务，要能随时随地完成消费行为，只等着商品在指定时间送到指定地点。

此时，"人"与"货"能够直接连接，"场"的作用也随之下调。

在人、货、场的关系更迭中，变化的绝不只是 3 者的地位排序，而是零售各方面内容的全方位升级。

因此，在新零售时代，有一个著名的公式：

$E=MC^2$

这个公式看似与相对论相同，但其背后的含义却截然不同：这里的"E"是 Earning（盈利），"M"是 Merchandise（商品），"C"则是 Customer（消费者），"²"则体现了消费者的核心作用。

1.4.2　人、货、场的重构逻辑

2018 年 11 月 11 日，"双十一"迎来了它的 10 周年，也再次刷新了销售记录。与往年不同的是，2018 年"双十一"，各大平台与品牌都在积极强调"新零售"的概念。

当天，小米刷新销售记录，销售额达到 52.51 亿元，雷军将之称为小米的"新零售狂欢节"。

新零售时代带来了人、货、场的重构。在这场重构革命下，消费者需求在变化，消费场景在转移，销售网络在调整，商品也在个性化、定制化……而在这一系列变化的背后，人、货、场的重构逻辑究竟是什么？

在传统零售产业链路上，生产、流通、交易等任一环节的效率提升都将直接引发客户价值的重构。图 1.4-1 所示为传统零售产业链路结构。

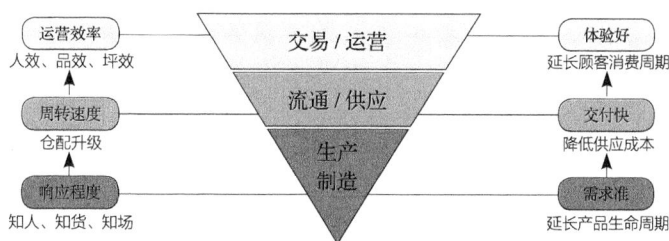

图 1.4-1　传统零售产业链路结构

要理解人、货、场的重构逻辑，就要理解其核心要素——效率。

人、货、场的重构就是要提升各环节的运营效率，即"人"的人效、"货"的品效、"场"的坪效。

在新零售时代，曾以线上销售为主的小米也正在借助"小米之家"积极布局线下。据称，"小米之家"的门店平均面积约为 200 平方米，年坪效高达 27 万元。

华泰证券的研究报告显示，我国零售卖场的坪效仅为 1.5 万元，而立足于新零售的盒马鲜生，其坪效在 2016 年就已达到 5.6 万元，是同业平均水平的 3.7 倍。

事实上，无论是针对人效、品效还是坪效，企业都必须从内部改良和外部加持两个逻辑层面协同进行，也即"对内求"和"对外求"。在这种思路下，人、货、场的重构逻辑可以进一步分解为 5 大新逻辑法则，如图 1.4-2 所示。

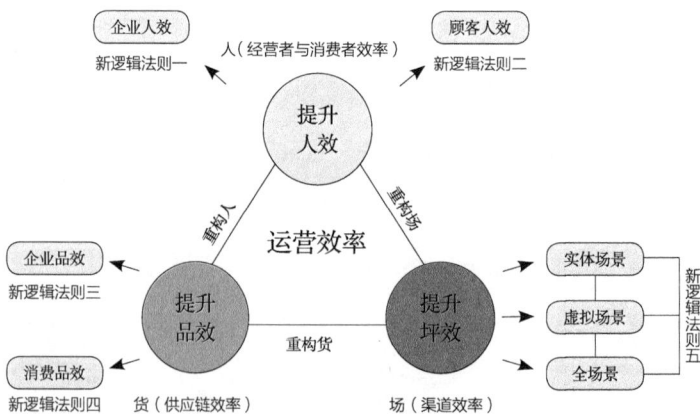

图 1.4-2　人、货、场的重构法则

法则一："人"——对内求企业人效

提升企业人效的核心，就是企业组织架构及组织工具的重组，让每位员工充分发挥工作效率，提升顾客体验、降低人工成本。

在新零售时代，无论是阿里巴巴还是京东，都在大力布局无人超市。很多人将此看作商业化宣传，但其背后其实是企业人效提升的新逻辑：多人→一人→人机→无人。

"孩子王"借助特有的"人客合一"掌上工具，可以实现店员与顾客的实时互动，因此，"孩子王"的每位员工可以管理多达350个会员，平均人效高达120万元。

京东无人仓则借助人工智能等技术实现无人化仓储管理，从而做到"一项科技可以顶替几倍员工能力"，将企业人效提升约5倍！

法则二："人"——对外求顾客人效

提升顾客人效的核心是消费关系的重构，通过提升顾客的用户体验值和年度消费贡献，从每位顾客身上挖掘出最大价值。

顾客人效的提升当然不能一蹴而就。企业必须按照新零售的商业模式逐步推进，如图1.4-3所示。

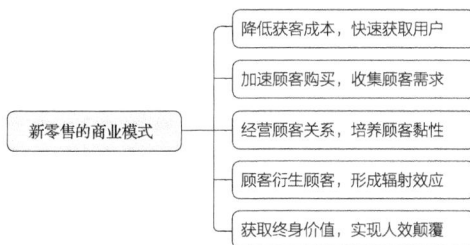

图1.4-3 新零售的商业模式

法则三："货"——对内求企业品效

聆听顾客需求是提升企业品效的关键。在新零售时代，只有将客户需求作为企业运营的驱动力，供应链才能真正转变为价值链，从客户服务、客户体验等多个环节实现供应链增值，并提升库存周转率、降低供应成本。

在盒马鲜生的布局中，一个突出的概念就是 3 千米"盒区房"：你在哪里，盒马就在哪里。尤其是在阿里巴巴收购饿了么和蜂鸟配送，以及盒马鲜生、饿了么与星巴克合作之后，每个盒马鲜生的门店都成为一个分仓，触达客户的速度显著提升，最后一千米的需求痛点得到极大解决。

法则四："货"——对外求消费品效

打造市场爆品是提升消费品效的关键。新零售下的消费品效是企业品效提升的延续，其基点都在于客户需求。立足于此，企业也可以借助"产品＋价值""产品＋服务"等路径，为客户提供一整套生活解决方案，解决客户的消费痛点。

针对"货"的品效重构逻辑整体可以分为 8 个环节，如图 1.4-4 所示，以实现供应链到需求链的转型，并重构商品边界，提升客户端的消费品效。

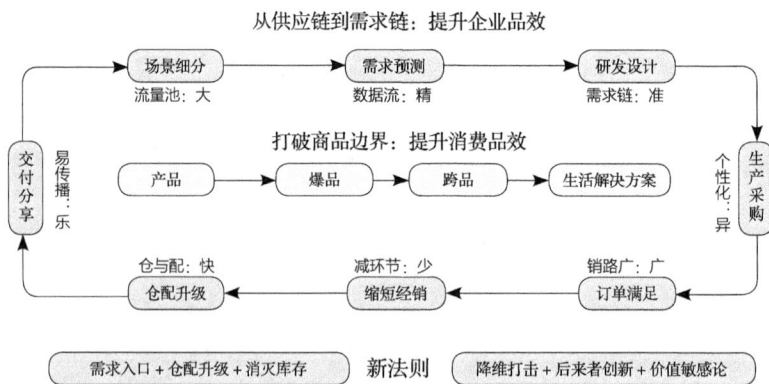

图 1.4-4　品效重构逻辑

法则五："场"——追求全场景效率

新零售时代的发展，离不开对各类消费场景的探索以及全场景效率的提升，其背后的内涵其实在于对顾客关注度和体验度的争夺。

时至今日，越是不像商店的门店越容易赢得忠诚度高的顾客：

迪卡侬在门店中设置足球运动场等场景；

"孩子王"打造 G6 智慧门店，保障顾客消费全程的智能化体验；

…………

全场景效率的提升不能只停留于表面。在场所形式的革新中，企业也要注重门店运营和客户管理能力的提升。

良品铺子就从客户管理的角度出发，在后台会员系统中加入了超过 60 个客户标签，销售及客服人员在与客户的每一次沟通中，都可以为其添加相应的标签，其内容包括客户消费频次、年龄层次甚至是客户的情绪变化。

1.4.3 新物流与智慧供应链

随着零售行业不断被信息赋能，人、货、场的重构也已经走进现实，由客户需求和技术驱动的新零售时代将为行业相关者带来前所未有的颠覆和挑战，而其中最大的挑战就在于供应链管理。

从人、货、场的重构中可以看出，供应链正在走向智慧化，而其流通链条也正在逐步缩短，信息流动成本不断降低，再加上现金流动的效率提升，物流革新在智慧供应链中的重要性也越发凸显。

然而,目前供应链的运营管理仍然存在诸多问题,如对智慧供应链认识不足、缺乏智慧供应链战略、物流信息化水平低、专业人才缺乏等。

对此,我们必须立足于人、货、场的重构,加快新物流和智慧供应链系统的构建。

1. 提高对智慧供应链的认识,强化供应链战略

对智慧供应链的打造已经成为广大企业的共识,但对智慧供应链的本质很多企业仍存有疑惑:为何要打造智慧供应链?如何实现落地?发展方向如何确定?又该如何评价和改善?

智慧供应链的打造必然要明确上述问题。只有不断加深对智慧供应链的理解,并制定正确的智慧供应链发展战略,企业才有可能找到个性化的供应链发展方向,从而在有效评价和迭代升级中提升供应链智慧化等级、流转效率,掌握供应链竞争时代的先机。

2. 加强新物流系统构建,提高物流信息化水平

人、货、场的重构离不开新物流系统的支持。只有借助智能化的物流装备、信息系统,物流才能与智慧供应链相匹配。

然而,目前我国很多物流作业仍然处于手工或传统机械化阶段,不仅信息化水平较低,自动化和智能化水平也还处于起步阶段。

因此,新物流系统的构建必须以提高物流信息化水平为核心,结合物联网技术、人工智能技术以及大数据、云计算等信息技术,为智慧供应链运营管理提供强有力的支撑。

3. 推动供应链协同合作,打造智慧供应链平台

智慧供应链的链条正在逐步缩短,而这更需要供应链上下游之间的协同合作;否则,信息孤岛的存在也将成为新物流和智慧供应链的最大桎梏。

基于完善的智慧供应链平台，供应链上下游之间才能实现信息系统的互通互联，并实现全方位、实时性的联动，最终形成智慧供应链生态。

4. 培养和引进专业的供应链人才

无论是新物流还是智慧供应链，都离不开先进技术的支持，要合理引进并科学应用这些技术，同样离不开专业人才的培养和引进。

因此，人才建设也是新物流和智慧供应链的重点工作。一方面，企业要对员工进行培训，使其了解新物流和智慧供应链战略，并掌握相应的知识、方法和工具；另一方面，企业也要引进专业人才，并与高校、科研院所建立合作，以带动企业的技术升级和管理革新。

第 2 章

困则思变：
传统物流的挑战与改变

在互联网及移动互联网的全线冲击下，传统零售行业再次面临新一轮的转型压力。困则思变，只有在压力下求变，未来才能抓住市场发展机遇。

2.1 传统物流面临的五大挑战

在新零售时代，无论是传统零售企业还是以线上业务为主的新兴零售企业，都在积极展开合作，构建"全渠道"零售。

2.1.1 "全渠道"形势下的物流业务愈发庞杂

所谓"全渠道"，其实是基于新零售时代的渠道融合，持续改善消费者的消费体验。

"全渠道"的核心在于为消费者提供更加方便、快捷的消费体验，如图2.1-1所示。

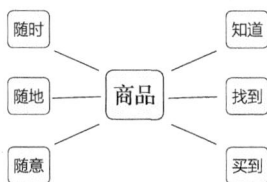

图 2.1-1　"全渠道"的消费体验

根据订单来源的不同，全渠道大致可以分为线上和线下两大类别。其中最为重要的环节就是物流。

"全渠道"零售发展之初，线上和线下物流的各个环节是相互独立的，但物流环节要提升效率、缩减成本，必然离不开物流各环节的融合。这又涉及仓储、配送及最后一千米等各种问题。

在"全渠道"形势下，随着我国物流业的发展和物流技术的升级，各行业物流中心的建设水平也明显提高，规模迅速扩大，也做了很多突破性的创新尝试。

电商巨头京东、阿里巴巴、唯品会几乎在同一时间启动了大型物流中心建设计划。这些大型物流中心的自动化立体库堆垛机超过 300 台，投资总额约 30 亿元。

鞋服行业巨头安踏则在晋江启动了现代物流中心项目，其建设面积超过 20 万平方米，其中，自动化立体库设计巷道 40 个，货位超过 10 万个，投资高达 10 亿元。

随着我国经济的快速发展，尤其是电子商务的急速增长，我国物流业每年业务量的增幅高达 50%～100%。在如此惊人的增幅背后，物流业面临的挑战在世界范围内也是独一无二的。

与此同时，新零售时代的消费方式、渠道模式的变化以及物流建设能力和思维的差异，也导致我国物流业务变得愈发庞杂。

物流业务愈发庞杂的背后，其实是对物流需求和技术变化的应对不及时。

1. 海量的个性化需求

新零售时代给物流市场造成了前所未有的订单冲击。这样的冲击不仅体现在订单总量上，也体现在订单种类上。

（1）物流包裹数快速增长

早在 2016 年，我国物流包裹量就已经超过 300 亿件，平均每天的包裹数超过 8 000 万个，成为世界第一，其中绝大多数订单都源自 B2C（Business-to-Consumer，商对客）业务。

即使订单量已达到如此程度，马云仍大胆预测：未来每天的包裹量会超过 10 亿件。

事实上，我国物流业的需求量确实处于高速增长的态势中：2017 年，我国物流包裹量超过 400 亿件；2018 年，这一数字达到 500 亿，超过美日欧的总和！

更为重要的是，在 2018 年物流包裹量的分布中，东部地区比重首次出现下滑。这也意味着中西部地区的物流市场正在释放。

由此可见，物流业务的增长态势短期内仍然不会改变。但与此同时，我国物流业仍然未能实现有效融合，尤其是各地涌现出了大量小微物流公司，其有限的物流能力不仅无法有效处理大量订单，还有可能损害整体运行效率。

（2）物流 SKU 愈趋复杂

在传统的物流中心中，SKU 一般在一万个左右，个别行业的 SKU 可能稍微多一些，如图书行业。在新零售时代，电子商务的 SKU 却可能达到数百万甚至数千万个！

与此同时，在"全渠道"形势下，物流中心需要处理多种业务来源的海量 SKU。尤其是当 B2B 与 B2C 业务混杂在一起时，物流业务的复杂性也急剧上升。

从个体层面来看，物流客户的需求也正在走向个性化，时效已经不是物流的唯一需求。在新零售时代，聚焦于高效、高质、安全等主要物流需求，物流企业也需要制定更多的解决方案，以适应不同客户的个性化物流需求。

2. 颠覆的创新性技术

早在 20 世纪 50 年代，物流自动化技术就已经初步应用，但直到 20 世纪 90 年代，随着计算机技术的发展，物流自动化才逐渐普及并发挥更大效用。时至今日，各类创新性技术的涌现，再次为物流业务的发展带来新的机遇。

2016 年春，人工智能"阿尔法狗"在围棋大赛中完胜世界冠军李世石。这也标志着人工智能技术进入了新的阶段：人工智能取代人，不再是一种科学幻想，而是开始真正走进现实。

这对于以人力、机械力量为主的传统物流业而言，无疑是一种颠覆性改变。

与此同时，物联网、大数据、云计算等新兴技术也为物流效率的提升提供了新的技术支持。

在"全渠道"形势下，物流技术的研究与应用成为物流企业的核心竞争力。

众多缺乏技术能力的中小物流企业，不得不面临更加严峻的挑战，只有快速进行供应链转型，找准自身的价值定位，才能避免成为物流产业整合的"淘汰品"。

拥有技术基础的大型物流企业同样需要谨慎而为，选对方向，不断增强技术研发及应用能力，避免成为产业升级中的"淘汰品"。

2.1.2　工业互联网下的物流变革

发达国家物流成本占 GDP 的比重普遍只有 7% ~ 8%，而在我国，这一数字却高达约 15%。在制造业、零售业转型的当下，如此高昂的物流成本，也让传统物流企业不得不进行变革。

最近几年，我国出台了大量鼓励物流行业降本增效的文件，从宏观框架到逐步细化，可以看出社会大力引导物流行业降本增效的决心与行动力。

同时，从制造业角度来看，立足于工业 4.0，我国制造业正在全面走向变革，其变革方向被定义为"以大数据驱动消费者深刻洞察的实时、敏捷、柔性供应链"，而其变革的核心就在于工业互联网。

工业互联网着眼于全球，是对工业系统、信息技术以及互联网等各要素的融合。身处这样的变革中，物流供应链的改革也成为必然。这也为传统物流带来了巨大挑战。

1. 工业互联网的内涵

工业互联网频频出镜，也意味着国家对其大力支持，但许多物流企业对工业互联网的内涵仍然一知半解。

目前，对于工业互联网还没有特别权威的定义，但是对于工业互联网平台，业界比较认可的定义是：

工业互联网平台是面向制造业数字化、网络化和智能化需求，构建基于海量数据采集、汇聚、分析的服务体系，支撑制造资源泛在连接、弹性供给、高效配置的工业云平台。

这个也是"工业4.0"的另一种维度的表达与描述。

无论基于何种定义，企业都应当明确：工业互联网并非工业的互联网，而是工业互联的网，它涉及供应链的各个环节。

（1）企业内部互联， 即从决策层到车间的纵向互联，涉及企业运营的所有要素，如工业设备、信息系统、业务流程以及产品、服务和人员。

（2）企业间互联， 即供应链上下游企业间的横向互联，涉及企业的供应商、经销商、客户和其他合作伙伴。

（3）产品生命周期互联， 涉及整个产品生命周期，即产品设计、制造、销售、报废、回收再利用。

2. 工业互联网平台的架构

工业互联网的发展离不开平台的搭建。那么，工业互联网平台是如何搭建的呢？

2019年7月25日，海尔集团总裁周云杰在2019世界工业互联网产业大会上演讲时说，海尔COSMOPlat是具有自主知识产权、引入用户全流程参与体验的工业互联网平台，围绕衣食住行等15个行业生态进行复制和推广。周云杰说："我们做工业互联网是连接用户、网器（智能设备）、流程，由大规模制造变为大规模定制，不入库率已达71%，即71%的产品可以从生产线上直接送达用户，生产之前就有了用户。"

目前，海尔COSMOPlat平台连接的设备达4 000多万台，平台上的工业APP达2 000多万个，连接了3亿多用户，在B端（商业）用户有4.3万家，开发者也有1万多个，形成了一个开放性平台。

周云杰举例说，海尔 COSMOPlat 与山东威海荣成市的房车企业合作，把房车、营地、"驴友"结合在一起，形成出行生态。房车企业订单增加了 62%，营地入住率提高了 20%，车载资源方吸引了 350 多家。[2]

2017 年，在工业互联网产业联盟发布的文件中，将泛在连接、云化服务、知识积累、应用创新归结为工业互联网平台的 4 大特征。

而从工业互联网的内涵来看，工业互联网平台必须具备 4 个基本功能。

（1）数据采集能力

数据采集是工业互联网平台的搭建基础。该平台必须实现对不同来源和不同结构的数据的广泛采集，如设备、系统、环境、人员等数据要素，并在云端汇聚数据。这是工业互联网的对外接口。

（2）数据处理环境

工业互联网平台的搭建涉及海量的工业数据处理。因此，工业互联网平台必须具备相应的数据处理环境，以确保平台对数据的重视和保护，并形成支撑作用。

（3）数据处理能力

只有对海量工业数据进行深度分析，工业互联网平台才能实现工业知识的沉淀和复用。这涉及了工业基础原理、数据科学等多种理论和技术。

（4）数据应用能力

工业互联网的落脚点在于数据应用，即面向特定工业应用场景的工业 APP。工业 APP 的合理应用，可以帮助用户对制造资源进行优化配置，也可以激发全社会资源推动工业技术、经验和知识的发展。

要实现上述 4 个基本功能，工业互联网平台架构就必须包含边缘层、IaaS 层、工业 PaaS 层、工业 SaaS 层，以及贯穿上述各层级的安全防护。图 2.1-2 所示

2　引自第一财经《海尔、美的、富士康角力工业互联网，掘金"中国智造"》，2019 年。

为工业互联网平台的架构。

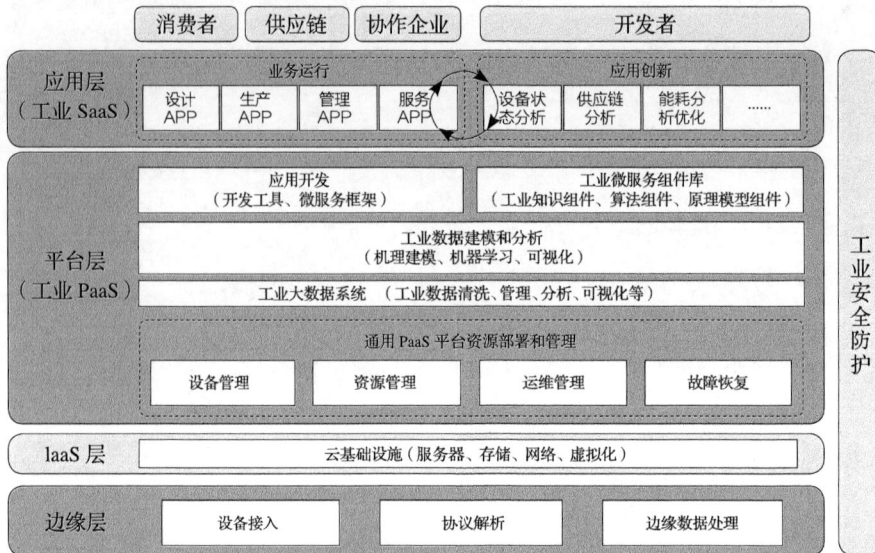

图 2.1-2　工业互联网平台的架构

注：Paas，即 Platform as a Service，平台及服务，是把服务器平台作为一种服务提供的商业模式。

Iaas，即 Infrastructure as a Service，基础设施即服务，消费者通过网络可以从完善的计算机基础设施获得服务。

由图 2.1-2 可知，在工业互联网平台的架构中，边缘层是基础，平台层是核心，而应用层则是关键。只有实现三大核心层级的协同运营，建立完善的工业安全防护，工业互联网才能逐渐走进现实、发挥效用。

3. 工业互联网下的供应链

在工业互联网的驱动下，物流供应链上的企业必将摆脱传统的成品配销方式，进一步深入探索，以解决工业材料从生产端到消费终端的全链条链接问题。

那么，工业互联网究竟需要怎样的物流与供应链服务呢？

相比于当下的消费互联网，工业互联网更强调数据，也更重视连接。在此过程中，传统供应链管理也出现了如下痛点。

①参与者数量众多、角色多样，各环节也因此变得琐碎、分散，呈现出严重的断层；

②供应链流程可视化程度很低，在长尾效应下，时间、库存、人员等运营成本都在增加；

③传统的供应链系统仍然局限于电子化，还未向智能化转型，限制了供应链的效率提升；

④传统的供应链标准化程度仍处于较低水平，定制化服务是解决需求的主要方式，但从业人员的素质却不足以支撑；

⑤企业聚焦于生产和研发环节，缺乏对供应链流程的关注；服务商也大多着重于仓储和配送，缺乏对供应链整体的了解。

要解决上述问题，相关企业的落脚点是在工业互联网下的物流变革。物流企业不应局限于仓储和配送，而要构建数字化、互联化、智慧化的供应链平台，实现人流、物流、过程流、资金流、信息流、技术流6流合一，以融入工业互联网平台架构，适应工业互联网的发展。图2.1-3所示为端到端的全程供应链管理服务平台模型。

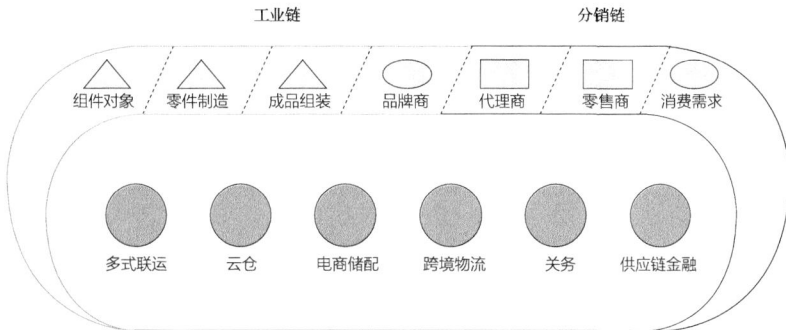

图 2.1-3　端到端的全程供应链管理服务平台模型

正如马云在2018全球智慧物流峰会上提到的，通过智能、协同为制造业创造利润空间，这是"菜鸟"和物流行业应该为社会做的贡献。

物流改革必须以供应链平台为目标，以工业互联网架构平台为模板，从根本上实现成本、效率和体验的升级，而不只是着眼于物流某一环节的改善。

2.1.3　大数据化与智能化的挑战

随着大数据、云计算、移动互联网等信息技术的快速发展，作为基础性和支撑性行业，物流业同样面临着大数据化与智能化的挑战。

行业企业分散、成本结构不合理……在传统物流业仍存在诸多问题的当下，新兴信息技术的应用无疑能够为传统物流提供有效的解决方案。

2017 年，中国交通运输协会专家曾指出，移动互联网、新零售等领域的快速发展让人们的生活越来越"智能"，在这种"智慧生活"的背景下，城市物流已不再是简单的点到点的配送，人们对增值服务的需求逐渐呈现出多样化的特点，未来的物流业应该给出"物流＋互联网＋服务"的一站式解决方案，"智能化"已经成为物流企业转型升级的必然要求。

大数据的应用已成为智慧物流的发展方向。具体而言，大数据在智慧物流中的应用主要涉及 3 个层面。

1. 物流路线

针对海量的个性化物流需求，物流企业必须设计出更具针对性的物流路线方案，才能有效提升物流效率。

对此，企业可以通过采集区域、季节、产品和客户需求等数据，制定最合理的配送路线。与此同时，企业还可以结合当地的交通状况数据，精确分析配送过程，对物流路线进行智能化管理，实时安排最合理的配送路线。

此外，基于大数据应用的智慧物流也能借助人工智能实现车、货实时匹配，避免出现空驶等状况，造成物流资源的浪费。

2. 物流选址

伴随着物流、电商、商贸等各大行业巨头投身物流中心的建设，选址也成为物流中心建设的突出挑战。

尤其是在自建物流中心时，企业要清楚，一个大型物流中心的建设期至少需要 2 年时间，如果选址不够准确，必然为企业带来极大风险。

因此，企业必须结合自身经营特点、商品特点和交通情况等要素进行分析，以实现配送成本、固定成本的最小化；以物流中心为基点，运用大数据对车辆的行车路径进行最优化定制。

3. 仓库储位

当下，复杂的 SKU 同样对物流仓库储位造成极大困扰。面对日趋复杂的订单类型，企业该如何实现快速分拣、入库及出货？这些将直接影响到物流效率的提升。

哪些货物储存在一起，可以提高分拣率？

拣选采用串行方式还是并行方式？站台选择单侧还是双侧？

哪些货物的库存时间较短？

哪些货物适合采用密集存储？

…………

这些问题都需要用大数据、人工智能进行分析决策。只有如此，物流仓储才能有效平衡自动化成本和作业成本，从而增强竞争力。

大数据化和智能化可以有效提高物流效率并营造更好的工作环境，实现更高的质量和更低的损耗，越是大型的物流中心，越是能够从中受益。

物流企业也要认识到，大数据化与智能化必然带来更高的技术成本。此时，物流企业也必然存在以下两个问题。

问题一：成本和效益问题

如果企业作业量或存储量不大，其成本投入也就无法发挥预期的效益。

这一问题使很多物流企业对转型产生顾虑。尤其是关于业务量的衡量，也并非一个恒定的量，而是根据不同场景测算而来的。

问题二：技术能力问题

如果企业的技术研发和应用能力不强，同样无法真正向智慧物流转型。

虽然技术能力是大数据化与智能化的基础，但在设计智慧物流模式时，企业却要避免将技术当作出发点，而应始终立足于需求。

总而言之，传统物流的大数据化与智能化需要数据和技术的支持，企业不能仅依靠经验行事，而要从成本、质量、适应性等多方面进行分析，从而打造出最适合自身的智慧物流模式。

2.1.4　物流众包与共享

"618""双十一""双十二"……电子商务造就了一个个购物节。与此同时，服装换季、零售促销、图书配送等导致了拥堵的物流高峰。这些物流高峰也对传统物流体系的建设与管理提出了巨大的挑战。

据统计，在物流高峰时期，电子商务领域的物流峰值是平时的 $3 \sim 10$ 倍！

为了应对峰值时的库存量，各家物流企业不得不建立更高标准的仓储中心，而这也会导致平时物流资源的浪费。

那么究竟该如何平衡峰值与平时物流能力的差异关系呢？

随着滴滴、Airbnb 等共享企业的快速发展，众包和共享也成为解决物流能力差异的有效方案。

所谓众包和共享，就是将闲置资源与对应需求相连接，闲置资源可以发挥更大效用，对方也可以借此满足自身需求。

在滴滴中，闲置资源是汽车；在 Airbnb 中，闲置资源是房产……而在物流行业，同样存在闲置的物流资源。

京东于 2015 年上线了京东众包物流，其负责人甚至发表过"让广场舞大妈来送菜"的观点。

在上线后的短短 3 个月内，京东众包物流招募的快递员就超过 50 000 人，扩张城市 13 个，而其日派送量也已超过 20 000 单，月均增长率高达 219%！

众包模式确实蕴含着共享经济的理念，既可以盘活社会人员的闲置时间，也可以为京东物流吸纳更多的配送人力，满足客户的物流需求。虽然每单配送费高达 6 元，却能够有效缓解京东物流的压力尤其是"最后一千米"的配送难题，从而实现"轻资产"运营。

然而，这样的众包与共享模式真能发挥预期的效用吗？事实上，简单的物流众包与共享反而可能为传统物流带来更大的挑战。其中，有两个主要问题亟待解决。

1. 效率能否提高

物流众包与共享的目的就在于利用社会闲散运力提高物流效率。在理想的众包与共享模式下，分散在城市各处的配送员能够快速触及城市的各个区域。

然而，物流行业并非简单的人力劳动，而是需要具备一定的专业能力。

从效率对比看，兼职配送员的工作效率一般会远低于全职专业配送员；从京东众包的物流成本来看，每单 6 元的配送成本同样不能称之为低廉。

2. 质量是否有保障

除了效率之外，物流的另一个重要评价要素就是质量。

以京东众包物流为代表的众包物流，其配送员的招募门槛大多不高。尽管物流企业设置了教程和考核，但其形式作用却大于实质作用。面对庞杂的社会人员，物流众包也很难实现完善的规则管理。

对兼职配送员的低要求和难管理，使得其配送质量难以得到有效保障。

当前的物流众包与共享适用怎样的政策、法规？消费者权益受损时又该如何追责？这些都是众包物流企业要解答的问题。

在评价物流众包时，圆通速递的负责人曾表示："相比众包而言，我们的快递员受过更专业的培训，可以给客户提供更安全与标准化的服务。"

2016 年 6 月 1 日开始，所有寄件包裹均需寄件人出示有效证件，快递员开箱检查、验视后才能封装发出。在这样的规定下，物流众包与共享也面临着更大的合规难题。

当然，这并不意味着物流众包与共享失去了生存土壤。正如有人提到："在未来共享经济的趋势下，很多人会加入进来，如滴滴出行的司机及一些临时配送人员。我们在考虑如何把现有的网络更好地和共享经济融合，拥抱共享经济的大趋势。"

不可否认，物流众包与分享是应对"最后一千米"问题的有效解决方案。尤其是在长尾需求下，众包与共享能够让更多的配送人员加入，以实现高效、优质的物流配送。但要解决相关的效率、质量与合规问题，仍需制定出妥善的方案，并在后台建立大数据与智能化调度。这也正是物流众包与共享要应对的核心挑战。

2.1.5　跨境电商下的物流挑战

伴随着跨境电商的热潮，我国物流企业也开始纷纷布局境外。然而，全新的市场环境也为传统物流带来了新的挑战。

前瞻产业研究院发布的《跨境电商产业园发展模式与产业整体规划研究报告》显示：

截至 2018 年年底，中国跨境电商交易规模达到了 9 万亿元人民币，预计 2019 年我国跨境电商交易规模将突破 10 万亿元。随着经济全球化的进程逐步加深，用户对进口商品的接受程度及购买意愿都在快速增长，因此，跨境电商有了非常大的发展速度和发展潜力。预计到 2020 年，我国跨境电商的交易规模将达到 12.7 万亿元。

与此同时，国内物流市场已经初步形成阿里系、京东物流与顺丰速运相互竞争的局面。在愈发激烈的竞争环境下，我国物流企业的业务量虽然急剧增加，但却陷入了利润增长的瓶颈。

在此背景下，面对跨境电子商务的快速发展，作为电子商务的重要基础和实现环节，国外市场也成为传统物流走出困局的重要突破口。

2017 年 11 月，圆通速递以 10 亿元港币收购先达国际物流 61.75% 的股份，完成了对先达国际物流的收购。

2018 年 10 月底，顺丰速运与国际物流巨头 DHL 达成战略合作协议，以 55 亿元整合 DHL 在我国的供应链管理业务、管理团队和相关技术。

此外，快递企业之间也展开了激烈的"航空战"，顺丰速运、圆通速递、菜鸟网络、京东物流等快递公司纷纷发力航空机队、建仓织网跨境物流领域。

跨境物流既顺应了经济全球化的趋势和跨境电商的发展步伐，也是传统物流突破我国国内市场的关键。国际物流市场不仅具有更大的市场空间，也能为物流企业带来可观的利润空间。

然而，当物流跨越国境，简单的仓运配服务也不再能满足需求。在更复杂的市场环境和更长的服务链条下，跨境物流业面临着诸多挑战。

1. 可见性和控制力

相比于传统物流，跨境物流必然牵涉更多的参与方。物流企业很难充分了解并控制各个环节，可见性和控制力成为跨境物流的首要痛点。

如何实现对供应链的全面了解和控制？这是所有跨境物流企业面临的问题。

要解决这个问题，跨境物流企业就必须"透视"所有参与方，包括海运和空运合作伙伴、海关清关、仓库运营商及当地物流合作伙伴等。

在与这些参与方的对接过程中，跨境物流企业同样需要具备足够的控制力。这种控制力并不意味着对供应链的完全掌控，而是能够掌握执行协议的能力，以协议推动整个供应链流程的标准化和持续优化。

2. 法律法规

法律因素同样是跨境物流不可规避的问题。全球每个国家和地区都有不同的政策法规，涉及海外仓、国际支付、进出口、海关等多个层面。尤其是发达国家与发展中国家的相关政策也存在明显差异。

与此同时，在很多国家或地区也存在保护性的政策规定，导致我国物流企业很难进入当地市场。

对此，跨境物流必须对不同市场的相关法规深入研究，并做出合理的市场判断和决策，例如对海外仓和保税仓的区分选择，避免陷入合规性风险，或因海关等相关法规损害物流效率、增加物流成本。

3. 消费者期望

新零售时代的物流行业同样需要考虑消费者的期望，满足消费者的需求。

然而，新零售时代为消费者带来的诸多便捷体验往往很难复制到物流行业当中。

普通消费者如果想要乘坐出租车，只需在约车软件上输入目的地即可呼叫。在行程之外，他们同样可以在约车软件上获取想要的内容，比如行程发票、优惠券或年度打车账单等。

这样的服务也逐渐延伸至物流市场。在各大物流企业的微信公众号上，消费者甚至可以看到如外卖一样精确的定位信息。

相比于新潮的数字服务，跨境物流却要复杂得多。从业务流程本身来看，跨境物流必须处理大量不完全可见的场景。与此同时，成本与回报也限制了跨境物流的服务改善。

因此，跨境物流只能根据每个国家或地区的具体情况，按照成本、法规及收益等各种要素，尽可能地满足消费者的期望。

4. 投资回报

物流企业的重要竞争力主要体现为交货、退货和退款服务，若其想跨境物流业务提供类似国内物流的服务政策，就不得不考虑更多问题，如图 2.1-4 所示。

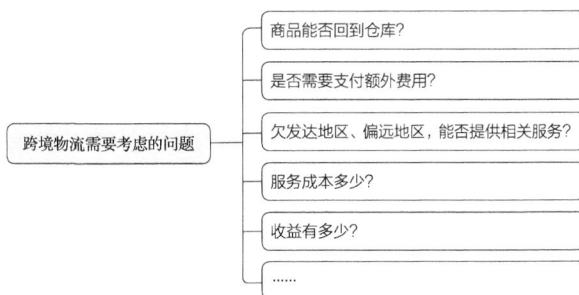

图 2.1-4　物流企业在开展跨境物流业务时需要考虑的问题

图 2.1-4 所示都是跨境物流需要直面的问题，但在缺乏相应投资回报的前提下，这也意味着大量成本的投入。但如果不进行相关投入，品牌声誉又可能

受到影响。这就使跨境物流业务陷入两难的境地。

跨境电商的发展，为跨境物流企业带来了广阔的市场和破局的机遇，但摆在跨境物流企业面前的是各种各样的困难与挑战。如果无法有效应对，那企业在跨境物流业务中的成本投入也难以带来预期的收益。

2.2 物流平台的现状：多态共生

物流平台从来都不会是寡头的天下，多种形态的物流平台共生，才能促进行业的健康发展。

2.2.1 物流行业整合重组，谋求综合发展

传统产业的革新从来不缺整合重组的案例。这是因为只有在整合重组中，传统产业的桎梏才能被打破，革新的力量才能占据主导，并最终推动整个行业的综合发展。

物流行业同样如此。近年来，面对摆在眼前的诸多挑战，物流行业发生了很多整合重组的故事。

2017 年年初，苏宁以 42.5 亿元收购天天快递 70% 股权，从而成为天天快递的全资股东。

2017 年 4 月，青旅联合物流发布公告，与全峰快递建立战略合作，对这匹快递业"黑马"进行重组。

2017 年 6 月，东航物流混改方案落地，引入联想控股、普洛斯、德邦、绿地金融四家投资者，进行市场化改造。

2017 年 9 月，丰巢以 8.1 亿元收购中集 e 栈，改变我国快递柜行业格局。

2017 年 11 月，货车帮与运满满战略合并。

2018 年 8 月，中远海控收购东方海外多数股权。

…………

在过去的野蛮发展过程中，传统物流一直因"小、散、乱"被市场诟病。近年来，虽然我国物流业务量仍保持着高达 50% 的增速，但行业利润却越来越低，利润空间的逐渐压缩导致大量加盟网点经营困难，甚至很多中型物流企业处于持续亏损状态。

传统物流微利化的背后是日趋严重的同质化竞争。很多物流企业因为缺乏核心竞争力，只能依靠"价格战"获取市场。然而，随着劳动力、设备、土地等成本的快速上涨，这种"以价换量"的模式愈发难以为继。与此同时，"全渠道"带来的庞杂业务，也让很多中小物流企业感到无从下手甚至难以生存……这样的局面也催生了物流行业的抱团取暖，整合重组必将成为物流行业的发展大势。

2017 年是我国物流行业的"整合元年"。传统物流希望通过整合重组谋求综合发展、寻求新的利润增长空间。但整合重组并不能"包治百病"，除了可能为企业带来资金、技术资源支持或市场拓展，也可能为企业带来一个更大的包袱，加速企业的衰败。

因此，物流企业在进行整合重组时，也应明确目标，真正强化自身的核心竞争力。

聚焦于物流企业的综合发展，整合重组主要衡量 3 种能力。

1. 跨领域、跨区域、跨行业的专业能力

物流行业融合了道路运输、仓储和信息等多个产业，涉及供应链运营的各个环节，是国民经济的基础产业。物流行业的综合发展，同样可以推动产业结构的调整、升级。

因此，在进行物流行业的整合重组时，企业不仅要关注仓、运、配等基础能力，更要关注跨领域、跨区域、跨行业的专业能力。

（1）跨领域能力。 商流、信息流、资金流和物流是现代经营活动的基础，它们是互相连接的。通过打造纵向贯穿多个层次的跨领域能力，物流企业能真正转型为供应链管理平台，在每个单一层次上都能提供有效的解决方案。

（2）跨区域能力。 物流行业本身就具备鲜明的跨区域特征，而在跨境物流等业务模式的发展下，跨区域的专业能力也愈发重要。通过打造横跨多个区域的跨区域能力，企业才能够针对不同区域、制度和法律框架制定并执行相应的方案。

（3）跨行业能力。 庞杂的业务种类使物流企业要面对各行各业的不同客户。这些客户的商业模式、规模、需求千差万别。通过打造覆盖多个行业的跨行业能力，物流企业才能根据客户的基本情况和个性化需求，为其量身定制供应链解决方案。

2. 整合与运营能力

在整合重组的过程中，大多数传统物流企业会走上供应链管理服务的道路。而与传统物流服务不同的是，供应链管理服务其实并不依赖于大规模的固定资产投入，有效的供应链服务的核心就在于整合与运营能力。

供应链管理企业只需进入供应链关键节点，并以关键节点为基点、以整合与运营能力为杠杆，有效整合供应链各层级的资源，为客户提供全方位服务。

3. 信息系统支持能力

传统物流面临的一个突出挑战就是大数据化与智能化。信息技术已经成为当今产业升级的基础。因此，物流行业的整合重组必须关注信息系统支持能力。

从近年来的物流行业整合案例可见，大范围、跨领域、多层次的立体全方位整合已成为主要物流企业的整合重点。在这样的整合框架下，信息流也呈现出多边、交叉、实时等特性。这就需要物流企业具备更强的信息系统支持能力。

通过功能、层次分明的技术架构，借助大数据、云计算等现代信息技术，物流企业能够实现自动化和高效能管理，而在转型智慧物流的过程中，物流企业的服务水平必将得到提升，其成本、资源消耗也能得到控制。

自 2017 年开始，物流企业的整合大幕已经拉开。在整合重组的过程中，有得意者，也有失意者，但要明确的是，传统物流企业必然要走上整合重组的道路。只有如此，物流企业才能逐步发展为综合性物流服务企业，并在统筹规划、精细运营和成本控制中，针对客户的个性化需求制定有效的解决方案。

2.2.2 末端竞争解决"最后一千米"

近年来，物流业界一直有一个说法："得末端者，得天下。"

德邦快递的轮值首席执行官韩永彦也曾表示，未来的竞争将是"最后一千米"的竞争。

相关数据显示，截至 2019 年，从山东寿光运输到北京的蔬菜，其物流成本中长达 480 千米的干线运输费用平均为 0.06 元 / 斤；而在北京市内"最后一千米"的运输费用却高达 0.1 元 / 斤，是干线运输费用的 1.8 倍左右！

长期以来，"最后一千米"都是物流行业的一大痛点。近年来，关于"最后一千米"的布局也越来越多，无论是快递企业还是便利店、快递柜，或是提供"跑腿"服务的城市配送以及众包物流、外卖大军……虽然它们的发展特点、模式各有不同，但最终目的都在于解决"最后一千米"的难题。

"最后一千米"之所以如此重要，正是因为其配送的货物主要以消费者日常生活必需品为主，如生鲜、蔬菜、药品等。与此同时，"最后一千米"也是直面消费者的关键环节，其效率高低、服务好坏直接影响到企业的品牌形象。

在新零售时代，随着消费需求的不断改变，末端竞争也日趋激烈，O2O（Online-to-Offline，线上到线下）、众筹、众包等模式也层出不穷。

然而，传统物流行业的发展呈现出明显的孤立性特征，各家物流企业都在尝试独立解决包括仓储、配送和"最后一千米"等各种问题。这不仅会造成资源的重复投入，也会导致"最后一千米"配送服务质量的参差不齐。

在多态共生的当下，为了更好地解决"最后一千米"的问题，各类物流业务模式也正在走向不同程度的融合，其主要融合点就在于"最后一千米"环节。

1. "最后一千米"物流融合

在关于"最后一千米"的渠道融合中，物流企业纷纷开始与社区店合作。如图 2.2-1 所示，商品被配送到各类社区店，再由店员送货上门或由客户到店自提。

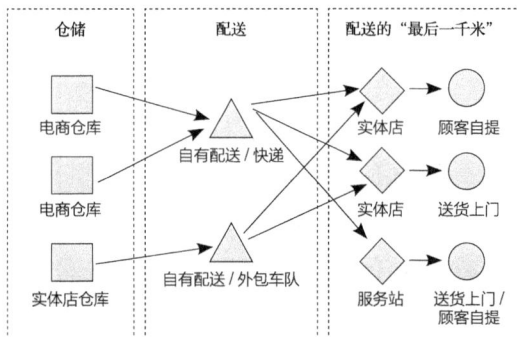

图 2.2-1 "最后一千米"配送融合

图 2.2-1 所示的是"最后一千米"配送融合的初级模式。虽然只是初步融合，但这种模式同样可以带来多方共赢。

（1）客户便利与信息安全

大多数客户工作日白天都在工作，休息日也有可能外出游玩。这就导致其接收快递的时间十分有限，形成代收需求。

尼尔森发布的《快递最后 100 米服务趋势报告》显示，约有 64% 的消费者在特定场景下愿意接受代收，44% 的用户担心信息安全。

代收模式已经被大部分用户所认可，而该模式最大的痛点就在于：传统代收点很少与物流企业正式合作，存在客户信息泄露的隐患。

因此，物流企业与社区店建立正式合作的模式，能够给客户带来收件便利，并降低信息泄露的风险。

（2）店面盈利与客户引流

对便利店或社区服务站而言，工作时间同样是店面的空闲时间。增加代收服务则可以充分利用店员的空闲时间，做代收、整理或配送，为店面增加新的盈利点。

另一方面，客户到店自提包裹，也是一种客户引流手段，能够推动店面的销售额增加。

（3）物流路线及成本优化

对物流企业或电商企业而言，基于这种融合模式，物流人员可以直接将包裹送至社区店，再由社区店配送人员电话询问客户选择送货上门或到店自提，从而优化物流路线及成本。

2."最后一千米"配送场景

为了更好地解决"最后一千米"的问题，也为了从全流程提升物流效率、降低物流成本，物流行业的融合程度也在逐渐演进，出现了配送、仓储乃至全渠道的融合。

约翰·路易斯（John Lewis）在整体规划英国米尔顿·凯恩斯（Milton Keynes）的配送中心时，就采取了全渠道融合的概念，结合线下百货、超市与线上电商等多渠道的物流需求进行统一规划，打造全新高度的自动化配送中心。

这个占地 6.2 万平方米的配送中心可以满足线下、线上等多个渠道的配送需求。在实际应用中，该配送中心每天的处理能力高达 17 万个线下订单和 5 万个线上订单。

全渠道融合无疑能发挥更大的效用，这也离不开物流行业的整合重组。也只有将各类物流需求集中到一起，才能真正发挥出物流中心的效用。

"最后一千米"的解决方案主要集中了出货方、配送方式、门店 3 个环节。

聚焦这 3 个环节的效率提升，可以对"最后一千米"的配送场景进行细分。

（1）仓库出货

在仓库出货的配送场景下，商品的配送方可能是快递或车队，门店可能分为社区门店或一级门店。因此，仓库出货的配送路线主要分为 7 类，如图 2.2-2 所示。

图 2.2-2　仓库出货的配送路线

（2）门店出货

门店出货的配送路线则更简单：企业收到客户订单后直接将订单需求发往距离客户最近的门店，核对门店库存情况，即可进行配送。

门店出货的配送路线只有以下两类。

①门店出货，直接送货上门；

②门店出货，客户到店自提。

物流行业的不断融合，为"最后一千米"配送问题提供了新的解决方案。在这一过程中，随着参与者的增多，谁能找到最优的配送路线、建立最强的合作关系，谁就能真正成为末端竞争的赢家。

2.2.3　物流拆分，价值提升

2017 年 4 月 25 日，京东宣布京东物流独立运营。独立运营后的京东物流成为京东集团全资控股的子公司。

自 2007 年以来，京东物流的主要服务对象就是京东自营电商，京东也将很大一部分电商收入投资到物流建设上。发展至今，京东的供应链物流体系已经涵盖仓配一体、冷链物流、国际供应链和供应链金融等多种服务，并在全国范围内拥有 256 个大型仓库以及 7 个大型智能化物流中心——"亚洲一号"。

独立运营后的京东物流彻底成了一个开放的社会化物流平台，这也意味着京东物流将直面顺丰速运等物流企业的挑战。

在拆分之后的两年间，京东物流的估值迅速达到 800 亿元；无独有偶，唯品会也正在构思自建物流的拆分方案。

在物流行业整合与融合的过程中，物流拆分看似与主流相悖，但其背后却有着正确的价值提升逻辑。

长期以来，物流都被看作电商的基础服务设施，如京东、唯品会等电商平台都投入大量精力在自建物流上，其目的就在于以物流提升电商平台价值，为用户提供更好的消费体验。

当电商自建物流发展成熟时，物流拆分能够释放自建物流的价值，为企业带来新的利润增长点。尤其是在传统物流转型供应链运营管理的当下，物流拆分也是切入供应链运营管理、掌握主导权的有效途径。

具体而言，物流拆分对价值提升的作用主要体现在 3 个层面。

1. 开放服务，增加利润

在互联网语境下，自建物流无疑是一种"重资产"模式。自建物流需要在成本、技术、管理等多方面进行大量投入。

京东物流的募资文件显示，其 2016 年三季度到 2017 年三季度的 5 个季度中，净利润依次为 −3.64 亿元、−2.79 亿元、−3.09 亿元、1.62 亿元和 −2.95 亿元；净利润率依次为 −8.3%、−5.1%、−6.0%、2.4% 和 −4.6%。

自建物流的"烧钱"程度可见一斑。而电商巨头之所以愿意投入大量成本自建物流，其初衷就是为平台服务，让用户有更好的消费体验。

这样的关系为电商平台提供了服务保障，也为自建物流提供了业务支持，但"烧钱"模式不可持续。因此，为了让"重资产"创造应有的高收益，自建物流必将走向开放，而在开放服务中，其物流业务也能带来更多的利润。

从京东物流的募资文件中也可以看出，京东物流在 2017 年二季度实现了扭亏为盈，三季度亏损同比也有明显下降。

据统计，作为京东商城的主要业务产品，其 3C 类产品的毛利率只有 3% 左右，而快递行业的平均毛利率却达到 8%。

对电商企业而言，自建物流虽然能够为平台用户带来更好的服务，但也难免会把企业拖进亏损的泥潭。电商巨头将自建物流拆分出去，也就意味着其物流业务能够获得更高的利润率，而电商平台也无需再背负自建物流的亏损包袱。

2. 独立经营，弱化关联关系

电商巨头自建物流的一大桎梏就在于业务来源的限制。

长期以来，京东、唯品会等电商巨头的自建物流几乎只能承接自家电商的业务，在平台外则面临着顺丰速运和菜鸟网络的竞争。

在这样的局面下，即使自建物流在现有体系下开放，也很难承接到足够多平台以外的业务。

前文提到的京东物流募资文件显示，其 2016 年三季度到 2017 年三季度的 5 个季度的营收分别为 43.76 亿元、54.44 亿元、51.71 亿元、67.23 亿元、64.38 亿元；其中，来自京东商城的营收分别是 36.38 亿元、46.57 亿元、42.54 亿元、56.44 亿元、52.51 亿元，占比均超过 80%。

通过物流拆分，企业自建物流也能够真正独立经营，全面对外开放服务。当电商平台与自建物流的关联关系弱化时，自建物流同样可以卸下电商平台的业务包袱，从"成本－收益"的角度考虑企业的盈利模式。

3. 内部整合，完善物流体系

电商平台的主营业务永远是电商业务，即使自建物流，也不过是公司的一个支持性部门。这样的组织架构也限制了自建物流的体系完善，甚至牵涉到公司内部资源分配的问题。

然而，随着物流业务的不断增加，如果仍然只是扮演电商平台的辅助角色，物流业务也很难有所作为。

只有在物流拆分、独立运营之后，物流平台才能够通过内部整合，完善物流体系，从而适应市场化竞争。

京东物流在 2017 年拆分出来之后，其基础设施在短短一年间就实现了几乎翻倍式的增长，如图 2.2-3 所示。

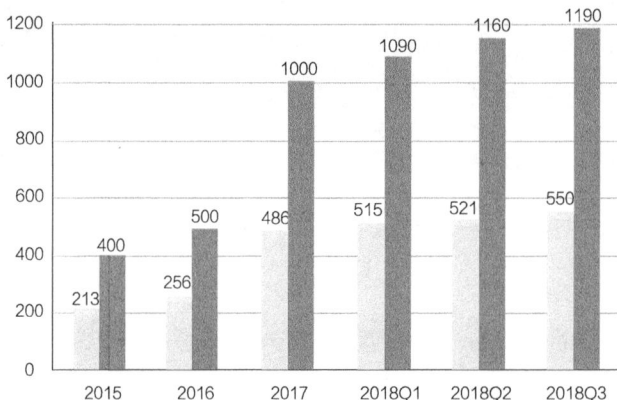

图 2.2-3　2015-2018 年 Q3 京东物流基础设施建设情况

2019 年，京东负责人在谈及京东物流的发展时也曾明确表示："集团将进一步授权，物流板块将升级为独立的'作战军团'，京东将会把更多的能力封装到业务板块中，使物流单元更加专注于自身的经营，让业务单元有意愿、有能力、有条件取得物流发展的胜利。"

随后，京东宣布了 2019 年的新增岗位需求——1.5 万人，其中 1 万人的岗位需求来自京东物流。

只有一个独立的经营主体才能真正进行有效的内部整合。京东物流在拆分独立之后，就发布了京东供应链、京东快递、京东冷链、京东快运、京东跨境、京东云仓 6 大产品体系。

基于这样的内部整合，物流平台也将突破过往的业务边界，不再局限于电商配送，而是结合物流行业的发展趋势，充分发挥现有优势，提升物流价值。事实上，也只有脱离母体的保护，电商巨头们的自建物流才能经历市场考验，继而发展壮大。

2.2.4 共享物流与众包物流

身处信息数据大爆炸的新时代，各行各业的商业步伐不断加快，伴随着中国物流业的增速放缓、利润收缩，物流业的整合重组成为常态。在这样的背景下，面对亟待解决的诸多难题，物流行业急需探索出一条全新的转型变革道路。

近年来，共享经济一度成为我国最具活力的经济模式。资源共享的新模式不仅能够盘活闲置资源，也能有效解决资源错配、效率低下、环境污染等各类问题。

当共享经济的思路延伸至物流行业时，共享物流与众包物流也随之兴起。与此同时，共享物流与众包物流的发展也能解决物流行业专业性需求与劳动力密集之间的冲突。

1. 共享物流

物流业天然具有共享因子，物流资源的共享现象也早已存在于市场竞争中。时至今日，物联网、大数据、云计算等信息技术能够极大提升共享物流的效率，引导共享物流的升级。

共享物流的本质是进行物流资源的合理分配与剩余价值的有效利用。

信息技术引发的共享物流革命为物流资源共享带来了更多的想象空间。菜鸟网络、京东、顺丰速运争相推出的云仓资源共享模式，这正是共享物流在新时代的典型表现。

在云仓资源共享模式下，物流企业通过建立云仓系统，实现仓库设施网络的互联互通，同时开放云仓资源以实现仓储资源共享。

菜鸟云仓：菜鸟网络的自我定位为物流大数据平台，因此，其一直致力于组建全球最大的物流云仓共享平台，以构建物流仓储设施网络，为全国乃至全球用户提供服务。

京东云仓：随着京东物流的拆分及开放，京东物流业逐渐开放云仓共享服务，并依靠完善的管理系统、跨界供应链金融，在为用户提供共享仓储服务的同时，还能根据用户数据为其提供金融服务。

共享物流是物流行业发展的新趋势，能够有效解决行业现存的诸多难题。在发展共享物流之前，企业首先要明确其发展前提 —— 信息协同和标准统一。

（1）信息协同

共享经济并非一种新型的经济模式，但它之所以能在新时代异军突起，正是基于高效的信息协同。借助互联网、物联网等基础网络，在信息的有效传递中，资源与需求才能得到快速配对。尤其是物联网的发展，让物流平台可以对物流全流程实时掌控。

（2）标准统一

标准化向来是物流行业的研究重点。从仓库、货车到托盘、包装盒，各类物流资源都存在着型号不一、品种繁多的问题。这不仅影响了物流效率的提升，也对共享物流的实施带来了困难。直到近年来，物流行业的标准化才逐渐形成。

基于信息的及时传递与协调统一，共享物流成为可能。在关于共享物流的探索中，共享主要体现为 4 大主要物流资源的共享。

（1）基础设施

基础设施的共享是物流行业资源共享的传统模式，能够有效引导共享物流的创新发展。通过公路、铁路、水路等不同运输方式之间的有效衔接，充分利用物流基础设施。

（2）运输设备

目前，物流共享发展最为迅速的模块就是运输设备的共享。运输设备的共享主要是指闲置的车辆、车厢空间以及司机的空闲时间，如货拉拉、运满满等平台，正是通过激活闲置的运输设备资源，避免运力闲置或空载浪费。

（3）仓储资源

我国涌现的云仓共享模式正是仓储资源共享的典型代表。仓储资源的共享不仅是仓储设备和空间资源的共享，也包括用户数据——每个仓库出入库数据的共享，直接展现了当地市场的需求情况。这能够帮助企业有效预测市场需求，从而提升仓储配送的反应速度。

（4）技术装备

物流行业技术含量的不断提升也推动了技术装备的发展。各类新兴的技术装备能够有效提升物流效率。目前，我国技术装备共享的主要模式为托盘共用、叉车租赁。在未来发展中，技术装备的共享不仅能够提升装备利用率，也能促进物流金融和绿色物流的发展。

2. 众包物流

与共享物流共同发展起来的就是众包物流。事实上，众包物流是共享物流的一种特殊表现形式。

相比于共享物流对物流专业资源的共享，众包物流则是激活闲置的社会力量，"让人人成为快递员"。

本质上，众包物流是一种基于互联网平台的开放式配送模式，借助成熟的移动互联网平台，将原本由专业配送员完成的工作外包给非特定群体。在自愿、有偿的合作模式下，兼职配送员只需有一部智能手机和一个交通工具，即可在空闲时间"抢单"，自由地赚取一份兼职收入。

在众包物流的发展中，涌现了众多代表性企业，但正如前文所述，众包物流在发展之初，效率和质量方面都存在不足，甚至会发生快件丢失等恶性事件。

目前，众包物流的优劣势都极为明显，如图 2.2-4 所示。

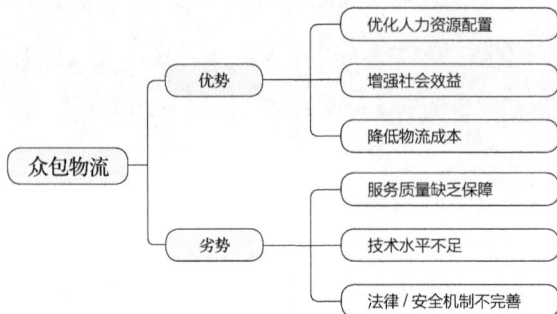

图 2.2-4　众包物流的优势与劣势

众包物流想要在物流革新中占据一席之地，就必须尽快解决质量与技术问题，并在安全机制尚不完善的当下，从平台自身做起，设计出有效保障用户利益的约束机制。

人人快送创始人谢勤提出将"人性＋技术＋商业"串联在一起的设计思路。在这一思路下，人人快送平台投入大量精力建立起平台自有的信用体系：建立注册审核、诚信值建立、接单冻结资金、专人直送、全程保险投保、取货拍照上传、全程轨迹追踪、货损先行赔付条款的八大安全模块。

最终，系统将根据自由人的综合表现给出诚信值，自由人的行为是否规范将影响其诚信值，诚信值也会直接影响其接单频次和权限，以此来做到全程监管，保障用户的人身和财产安全。

人人快送的信用体系是保护平台用户利益的有效尝试。而要充分解决现存的诸多问题，众包物流企业仍需从以下两个方面进行努力。

（1）完善物流人员管理系统

社会闲散劳动力构成了众包物流的主要配送力量，但其服务水平和自身素养存在差异。因此，众包物流必须不断完善物流人员管理系统，以实名制、诚信值等手段对物流人员进行有效管理。

（2）加强物流人员培训力度

良好的物流服务来自高素质的配送人员，因此，众包物流必须加强物流人员培训力度，不断提升物流人员的职业素质和服务水平。只有如此，众包物流才能够得到客户的认可，而不会被看作"乌合之众"。

另外，从法律法规的角度来看，我国相关管理部门也需要推动并配合相关法律的完善。完善的法律法规不仅能够帮助众包物流管理物流人员，也能维护市场秩序的稳定，切实保障各方利益。在这样的良性竞争体系下，众包物流体系才能不断发展壮大。

眼下，众包物流的发展确实还存在一些桎梏，如人工成本、补贴成本等，但长远来看，众包物流不仅能够满足用户的多样化需求，也能充分调动社会闲散劳动力，并为客户提供便捷、优质的物流服务，其发展前景不可估量。

而众包物流企业要做的就是不断把众包物流做好、做精，以更好的服务质量和更高的配送效率赢得客户的信任。

2.2.5 智能化、绿色化、全球化

2017 年，在技术、市场和政策等多种因素的驱动下，传统物流开始进入体质增效期。这一年，我国物流业务量连续第四年位居世界第一，行业内的整合重组也成为主题。

2018 年，随着各类"黑科技"的日益成熟、利好政策的出台使物流行业走向转型升级期，传统物流开始转变为新物流。这一时期的关键词就是智能化、绿色化与全球化。

1. 智能化

在"全渠道"形势下，物流业务愈发庞杂，物流平台想要在最短的时间内实现对数千万件包裹的运输、分拣和派送，仅靠人工难免力有未逮。因此，物流企业对大数据、人工智能等信息技术寄予厚望。

2017年，《关于进一步推进物流降本增效促进实体经济发展的意见》《新一代人工智能发展规划》等多个文件相继出台，提出要发展智慧物流，推进产业自动化升级。

在政策和技术的支持下，无人仓、无人机、无人车争相亮相物流行业。与此同时，各大物流企业的上百个智能物流中心也已建成，大数据、人工智能、云计划等信息技术开始得到广泛应用。

2017年"双十一"期间，天猫首单的物流完成时间只有短短12分钟；而在2018年的"双十一"，这一数字则被缩短为8分钟。这在以往是不可思议的，如今却已成为现实，这源于其背后智慧化设备和管理的支撑。

如今，京东已经建成全流程无人仓：从入库、仓储到包装、分拣等各个环节均可实现无人化和智能化运转。

快递行业广泛采用电子面单，以实现数据信息在各环节的串连，从而确保运转环节的可视化和可控化。

物流平台正在加速由信息化走向智能化，其发展方向主要包含3个层面。

（1）**算法驱动**。传统的物流调配大多通过人脑运算，而在海量数据的采集和应用下，物流平台则用算法驱动业务，如智能车货匹配和智能装载等，从而提升效率、改善质量，以获取更大的市场空间。

（2）**自我进化**。相比于信息化，智能化的一个突出特征就是自我进化。在人工智能、深度学习的技术支持下，无人机、无人车等智慧系统完全可以实现自我进化，而无需人工干预。

（3）全面智能化。智能化并不局限于管理系统或装载设备，而是物流环节的全面智能化，甚至是仓库托盘也能实现智能化，从而帮助智慧系统快速了解商品。这也是京东全流程无人仓的技术基础。

2. 绿色化

在传统物流的发展过程中，环保一直是一个问题，随着物流业务的快速增长，再加上商品的过度包装，"快速爆仓、垃圾成山"的现象也越发严重。

2017 年 11 月 8 日，国家邮政局、国家发改委、科技部、工信部、环保部等十部门联合发布《关于协同推进快递业绿色物流包装工作的指导意见》，明确表示：要推动快递包装绿色化、减量化和可循环利用。

针对这一文件，相关企业也迅速做出反应。

2017 年"双十一"期间，各大电商和物流企业纷纷推出"绿色包装"这一利器，如共享快递盒、可降解包装袋、无胶带纸箱、可循环文件封等，并尝试让快递员回收快递包装。

虽然这些尝试有些还难以普及，但物流绿色化已成趋势。

需要明确的是，物流绿色化的问题不只在于包装，而是物流全流程的绿色化。

例如，物流车辆带来的交通压力和大气污染。在这种情况下，天津港和河北各港口正在尝试从汽车运输转为铁路运输，北京则在探索以铁路和新能源货车为主的物流新模式。

当然，绿色化并不只是因为国家政策和企业社会责任的要求，也是为了应对原材料价格和运输成本的不断上涨。

近年来，原纸价格不断上涨，尤其是快递纸箱常用的瓦楞纸成本接连攀升，仅 2017 年，瓦楞纸价就上涨了 51%、箱板纸价则上涨了 47%……此时，可循环利用的快递包装无疑更加符合物流平台的利益需求。

与此同时，劳动力和运输成本的上涨也要求物流平台提高物流车辆利用率，以优化物流成本。

3. 全球化

在经济全球化的当下，我国经济与世界经济的关系愈发紧密，物流产业也同样如此。尤其是在全球化和跨境电商的快速发展中，国外市场也成为物流企业的布局重心。

在 2018 年全球智慧物流峰会上，马云就提出："菜鸟网络要在全球范围内实现任何一个地区 72 小时运货必达。"无论是"运出去"还是"运进来"，全球化物流时代都已经到来。

据菜鸟网络总裁万霖所言："菜鸟网络已在我国杭州等城市以及吉隆坡、迪拜、莫斯科、列日（比利时）等国外城市布局首批全球六大数字贸易中枢，并在国外广泛布局海外仓，开通洲际航线。"

物流平台的全球化不仅体现在全球化业务布局上，同样体现在资本市场的联动中。

无论是上市还是物流企业的国外收购，都体现了资本对物流行业的加速渗透。在我国经济加速转型的背景下，具有发展潜力和政策支持的物流平台愈发受到资本青睐，而在资本的驱动下，其全球化发展趋势也将愈发明显。

2.3 新物流：更敏捷、更智能、更高效

随着新零售时代的到来，为了应对市场变革带来的诸多挑战，传统物流也在不断革新中走向多态共生的"新物流"时代。

2.3.1 什么是新物流

2013 年，我国快递业界仍在为 92 亿件的包裹量而惊诧，而今天，中国的快递包裹量已超过 500 亿件，位居世界第一；

2013 年，"当日达"在我国还是一种费用高昂的服务体验，而今天，当日达、次日达等服务已经覆盖到全国 1 500 个区县；

2013 年，全球物流的平均时效大概是 70 天，而今天，我国和主要国家的物流时效已经提速到了 10 天之内；

2013 年，海关的 B2C 包裹通关量一年仅为 100 万件，而这一数字在今天只需一天即可完成；

…………

在这一系列令人惊叹的成果背后是技术的应用和管理的提升。近年来，正是因为物流行业的创新尝试和能力提升，"新物流"的概念才在 2018 年全球智慧物流峰会上得以提出。

那么，究竟什么是新物流？新物流要做什么？又会带来怎样的影响？这些都是业界最为关心的问题。而要阐述这些问题，我们首先要了解新物流的诞生背景。

1. 新物流的诞生背景

伴随着第二次信息革命与第三次全球产业转移，中国数字经济及相关产业的发展也正在迈入第二阶段，作为支撑性产业的物流行业更是迎来了爆发式增长的机遇。在机遇的背后，则是来自物流需求和成本双增的挑战。

（1）业务量暴增

中国物流业已经连续多年处于高速增长中。在短短的 10 年间，中国快递业务量从美国快递业务量的 10% 快速增长至美国快递业务量的 2 倍！

与此同时，2014～2018 年，中国网民总数的复合增长率高达 25%，互联网消费增长率则达到 32%，远超美国的 5% 和 8%，双双位居世界第一。

社会消费习惯已经从逛商场演变为拆包裹。这些变化其实是源自我国极低的物流成本——据统计，单票物流费用占电商货物价值的比例仅为 8%。这也使消费者可以享受更加快捷、低价的物流服务。

（2）物流成本上升

阿里研究院的调研数据显示，2018 年部分快递企业的人力成本年均涨幅在 10%～25% 之间，场地租金成本年均涨幅在 30% 左右。

因此，从 2017 年的"双十一"开始，我国快递价格终于触底反弹，一反十多年来的下降趋势。

与此同时，物流规模的不断扩大以及物流资源碎片化的特征，也进一步加剧了物流成本上涨。

在 2018 全球智慧物流峰会上，马云也大胆预测："我国物流业很幸运，赶上了最好的时代。但是我国物流业也很不幸，刚刚适应了每天 1 亿件包裹，很快就要面对每天 10 亿件包裹的挑战。"

当物流业界还在对这个数字感到怀疑时，2018 年"双十一"当天的快递物流订单高达 13.52 亿件，这也宣告了"10 亿包裹时代"的到来。

伴随着新零售时代的发展，线上与线下零售逐渐走向融合，门店配送等模式的出现进一步扩大了物流需求。在物流需求和成本双增的当下，物流行业要切实做到降本增效，而新兴的信息技术则为此提供了可能。

2. 新物流的基本内涵

通过了解新物流的背景，我们也能更好地理解新物流的基本内涵。

很多人将新物流看作物流行业在新零售时代的特殊发展形态，甚至将新物流看作一种"终极形式"……这都是对新物流的理解偏差。

事实上，新物流是一种解决新时代物流问题的物流集合。图 2.3-1 所示为物流行业的演变路径。物流产业不断演变，才有了今日新物流的诞生。它能够满足用户的个性化需求、充分调动资源潜力，从而有效支持零售等商业创新，以推动物流行业的高效、绿色、安全运行。

新物流代表着物流行业新的发展方向，其本质是基于对物流要素的升级和重构，其发展前提是供应链的数字化和物流网络及基础设施的完善，其支撑是大数据、云计算和物联网等信息技术，其发展关键则在于供应链各节点及合作伙伴之间的共享与协同。

图 2.3-1　物流行业的演变路径

3. 新物流的主要特征

在相关研究和实践中，新物流系统通常包含图 2.3-2 所示的主要内容。

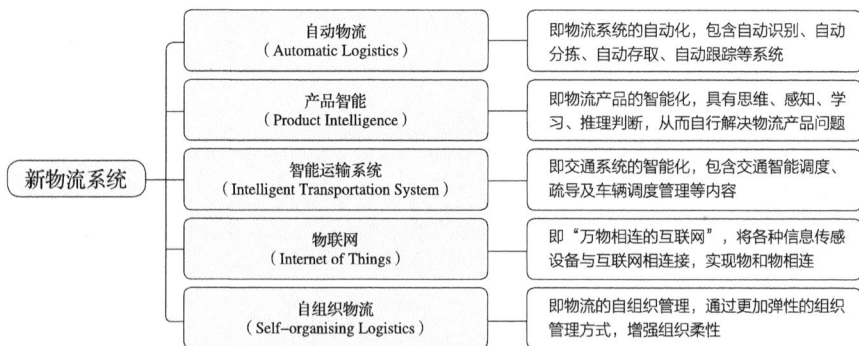

图 2.3-2　新物流系统

当然，新物流并不仅仅是上述内容的应用。作为一种物流集合，新物流在其发展过程中也必将融入更多的新技术、新手段、新模式。

因此，在深入理解新物流时，我们更应明确，在诸多新物流研究和实践中包含着新物流的主要特征。

（1）动态性

新物流的形态与内涵并非一成不变，而是在不断变化发展的过程中持续推动物流行业的创新改革。业界之所以仍未给予新物流一个明确的定义，是因为动态性是新物流的一个主要特征。

新物流的动态性表现为以下两个方面。

① "智慧"的动态性。新物流的发展支撑就是大数据、云计算和物联网等信息技术，而在当下，信息技术一直处于快速发展中，这也促使新物流的 "智慧"内涵不断丰富。

② "物流"的动态性。伴随着共享物流及信息共享的发展，尤其是供应链协同与物流整合的趋势不断加强，物流的产业形态同样处于动态变化中，在创新发展中实现转型升级。

（2）系统性

新技术的应用是新物流的显著表现，但并非唯一特征。这也造成了业界对新物流最大的理解偏差："用上新技术，就是新物流。"

不可否认，在新物流的发展过程中，新技术是一项重要支撑，但并非实现新物流的唯一途径。

作为一种物流集合，新物流更重要的特征在于系统性，而技术支撑只是这个系统中的一个层面。除了技术之外，新物流仍涉及体制、组织、管理、运营等诸多层面。

尤其是当物流与供应链协同整合时，该系统涉及的层面也愈发复杂。在这个跨度极大的复合型系统中，新技术发挥着重要作用，但企业仍需注重系统的整合、管理及运营。

（3）普适性

物流行业广泛参与到制造、零售等多个行业，其本身也包含仓储、配送等众多细分行业。因此，新物流绝非某个环节或某个产业的新物流，它不是新仓储，也不是新零售物流，而是具备了普适性的特征。

①全方位普适。新物流的发展起源于某些已经获得领先优势的行业（如当下的新零售），但其中也存在"先富带动后富"的特征，新物流在不断发展完善的过程中也将发挥示范和带动作用，为各行各业提供解决方案，最终全方位实现物流产业的智慧升级。

②价值普适性。新物流的普适性特征的根源在于价值的普适性。任何企业发展新物流的意义都不只是为了提升企业绩效、抢占市场份额，而是在发展新物流的过程中，企业可以为客户创造更大的价值；在新物流的高效、绿色、安全运行中，也能为经济、社会和民生做贡献。

（4）渐进性

新物流的终极目的是全方位地创造价值，但这是一个远期战略规划，需要各界的通力合作和长期建设，在渐进的过程中逐步触及目标。

新物流的发展，没有一蹴而就的方法，也没有一劳永逸的捷径。参与者必须通过科学分析，制定各个细分阶段的目标任务，在技术升级、装备升级、系统升级与管理升级中按部就班地前进。

一直以来，物流行业的发展都对社会经济的发展影响重大。正如前文所述，我国电商的蓬勃发展离不开长期处于较低水平的物流成本。但时至今日，随着物流成本的提升，为了应对继续增长的物流需求，提质增效也成为物流革新和产业升级的关键，而新物流正是相关研究实践的结果。

2.3.2 全渠道、全场景、一盘货，实现最优配置

近年来，为了充分发挥新物流敏捷、智能、高效的优势，拓展新物流的应用空间，物流与供应链协同的整合正在加速进行，以阿里巴巴、京东为代表的电商巨头和以顺丰速运为代表的物流平台，都在加速供应链布局。

2018 年"618"期间，京东物流宣布在部分城市开通 24 小时"闪电送"业务；

2018 年 6 月，苏宁物流推出"冰淇淋指数"和"冰淇淋社区"服务，将通晟配送时效缩短为 30 分钟；

2018 年"双十一"期间，京东物流再次推出"京瞬达"服务，将配送时效提升至分钟级；

2018 年"双十二"期间，淘宝宣布在广州、西安等 8 个城市试点当日达服务；

…………

2018 年，经过一段时间的探索与实践，众多企业纷纷开始"秀出肌肉"——以配送速度展现品牌在新物流发展中的成果。配送速度的提升绝非只是物流的功劳，而是供应链协同的结果。

以京东"闪电送"为例，京东物流之所以能够实现"闪电送"，其实是基于前置仓模式和消费预测等方式的支撑。通过对客户消费的准确预测，提前将产品配送至距离客户更近的仓库。如此一来，在客户下单之后，"闪电送"最快能够在一个小时之内就送货上门。

"把消费者喜爱的产品在正确的时间放在正确的地方。"这是无数供应链运营管理的共同目标，而在新物流的应用下，这一目标也正在成为现实。比如，京东"闪电送"等服务之所以能够提前将客户需要的产品运往附近的仓库，其就是在"全渠道、全场景、一盘货"中实现最优配置。

"全渠道、全场景、一盘货"是新物流与供应链协同的最新成果，是对现有库存和成本管理的颠覆，在新物流网络布局和智能供应链运营中，能够实现最优配置，有效降低供应链运营成本。

那么，何谓"全渠道、全场景、一盘货"呢？

一直以来，随着销售渠道的增多，商家大多选择针对不同销售渠道如线上、线下、批发、零售等设置不同的商品库存。这就是"多盘货"模式。在各大渠道区分明显的最初，这一模式有助于商家对各渠道进行细分管理。

然而，在这样的模式下，各大渠道其实处于"各自为战"的局面，经常会出现一个渠道迅速卖光、另一个渠道库存积压的情况。

与此同时，品牌商 80% 的长尾库存周转速度相对较慢。相比较而言，虽然部分爆款的年度周转次数高达 12 ~ 15 次，但大部分产品的年度周转次数仅为 3 ~ 5 次。因此，库存周转率亟待提升。

伴随着"全渠道"的发展以及品牌商的全场景覆盖，各个渠道、场景逐渐走向融合，其区分也愈发模糊。此时，"多盘货"的模式不仅无法改善库存周转情况，反而会增加企业运营成本。

因此，在新物流的发展过程中，菜鸟网络、京东物流纷纷推出"全渠道、全场景、一盘货"的服务，通过将产品全部放在一盘棋里布局，从而打通渠道和场景，实现库存共享和统一调配。这样的结果是实现"一个品牌一套库存，一条供应链"，通过高效的供应链协同大幅提升库存周转效率，降低供应链运营成本。

2017 年 5 月，雀巢与天猫、菜鸟网络共同启动了"全渠道一盘货"的战略合作探索。这条探索之路的第一步就是实现阿里系渠道的"一盘货"整合，包括对品牌旗舰店、天猫超市、农村淘宝、零售通等渠道的整合。

相关步骤如下。

①雀巢将货品切入到菜鸟网络在全国的十余个中心发货仓；

②由天猫、菜鸟网络根据销售、库存数据进行统一调配，以满足消费者下单；

③后台系统实时对销售、库存数据进行预测，并定期出具补货计划，在可能出现断货时提前发出预警。

④雀巢参考相关数据及时调整补货机制，优化渠道配置。

得益于这次合作，雀巢目前大部分货物都由本地仓或附近的中心仓发出，跨区域送出的商品占比不到 10%，将运输成本缩减了 40%！

对于这次战略合作，雀巢电商供应链负责人的评价是："一盘货以后，因为某个促销活动，当雀巢在天猫超市的备货迅速卖完，而商家补货并不能立马跟进时，我们就可以调用同一仓库内品牌旗舰店的共享存货迅速补给，避免前台断货的窘境。"

当然，要真正发挥"一盘货"的优势，离不开供应链的有效协同，如数据共享、联合销售预测、订单补货、物流运输等。

近年来，许多物流平台都推出了"一盘货"服务，但限于各大平台之间的数据壁垒，类似服务仍然只是平台内的"全渠道、全场景"。因此，物流企业若想继续降低供应链运营成本、提升全链路效率，就需进一步与其他企业进行融合与协作。

2.3.3 借助物联网实现信息化与智能化

物联网时代已经到来！2019 年 1 月，菜鸟网络 CTO（首席技术官，即 Chief Technical Office）表示，物联网将成为 2019 年最重要的技术趋势，会决定未来 5 ~ 10 年的物流业竞争格局。

未来园区、AGV（自动导引运输车，即 Automated Guided Vehicle）、小蓝人、麒麟臂、无人车、菜鸟物流天眼……从拣选到分拨、从干线到末端，借助物联网的广泛应用，菜鸟网络正在引领行业进入万物智能新时代。

围绕物联网这一重大核心技术战略，相关技术也已呈现出爆发趋势，如人工智能、区块链、机器视觉、实时计算、柔性自动化等。

在当下，无论是京东物流、菜鸟网络不断升级的智能仓储，还是苏宁等物流争相布局的智能配送，其背后都是物联网技术的应用。

毫无疑问，物流是物联网技术最重要的应用领域，而物联网技术同样是实现智慧物流的基础。

1. 什么是物联网？

所有新物流从业者都听说过物联网这一技术。但究竟什么是物联网呢？

简单而言，物联网就是"物物相连"的互联网，是通过各类传感、RFID、视频识别、红外感应、全球定位、激光扫描等各种装置与技术，按约定的协议，实现物品互联互通，进行信息交换和通信，进而实现智能化识别、定位、跟踪和管理的智能网络系统。

其实，物联网并非一个全新的技术，而是经过 20 多年不断完善形成的革命性创新技术。

随着物联网对经济增长的影响力不断增加，美国独立市场研究机构 Forrester 也大胆预测：物联网所带来的产业价值要比互联网高 30 倍，物联网将形成下一个上万亿元规模的高科技市场。

在物联网的发展趋势下，我们要理解物联网，就必须抓住其本质特征。

（1）互联网特征。物联网作为"物"的互联网，具有互联网特征。

（2）识别与通信特征。正如互联网上的每个用户都有"ID"一样，纳入物联网的"物"也必须具备自动识别与物物通信（Machine to Machine，M2M）的功能。

（3）智能化特征。物联网的"物"必须智能，具有自动化、自我反馈与智能控制的特征。

2. 为什么是物联网？

《关于智慧物流配送体系建设的实施意见》明确指出，智慧物流配送体系是一种以互联网、物联网、云计算、大数据等先进信息技术为支撑，在仓储、配送、流通加工、信息服务等各个物流环节实现系统感知、全面分析、及时处理和自我调整等功能的现代综合性物流系统，具有自动化、智能化、可视化、网络化、柔性化等特点。

图 2.3-3 所示为新物流的逻辑架构。从新物流的逻辑架构来看，物联网不仅是新物流的重要技术支撑，也是新物流信息化与智能化的关键环节。

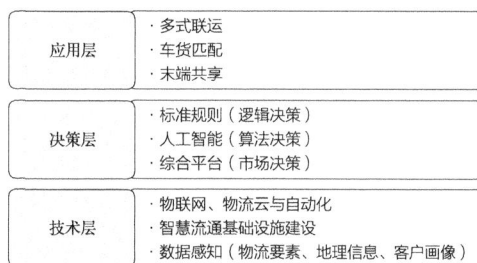

图 2.3-3　新物流的逻辑架构

物联网被看作智慧物流的基础以及新物流的技术支撑和未来竞争格局的核心。很多人也会对此产生疑问：为什么是物联网？

我们可以从物联网在物流行业的应用来解答这个问题。

（1）成熟应用

经过十多年的发展与实践，物联网在物流行业的一些应用已经相对成熟，主要包含以下 4 个方面。

①产品的智能可追溯系统，借助货物追踪、识别、查询和管理等功能，以保障产品质量和安全，此类应用在医药、食品、烟草等领域尤为重要；

②物流过程的可视化智能管理网络，运用了 GPS（全球定位系统）、

RFID、传感技术等多种物联网技术，从而对车辆、物品进行可视化管理，继而进行在线调度；

③物流配送中心的智能化管理系统即智能仓储中的智能控制、自动化操作网络，能够实现物流配送中心的全自动化，并与商流、资金流、信息流全面协同；

④智慧供应链，通过对后勤保障网络系统进行升级，以满足新零售、智能制造等环境下的海量个性化需求，推动整个供应链智慧化运营管理。

（2）创新应用

随着新零售、新物流的不断发展，物联网的创新应用也不断出现，其中典型应用有3个。

①电子商务，借助物联网的应用，电商可以提升现有拣选和复核打包的生产效率，推动托盘、笼车等资产的可视化智能管理，加速视觉和数据分析的物流应用；

②车联网，车联网是物联网的重要分支，它不仅能够实现运输过程的透明化、可视化管理，还能借助智慧车队管理方案，实现货运资源的全方位融合和优化配置；

③智能制造，随着工业4.0的推进，物联网在智能制造中的应用范围也不断扩大，通过将生产线与信息系统无缝对接，制造业的信息化、自动化、智能化水平也在不断提升。

正如菜鸟网络CTO所说，物联网不是孤立的技术，而是叠加机器学习和人工智能、运筹学和最优化、区块链等技术形成的物流行业的巨大商业价值。当前物流业革新的最大瓶颈在于仅完成了基本的信息化，数字化程度还不够，物联网技术将解决这一关键问题，加快实现行业从数字化到智能化的转型。

随着物联网在物流领域应用范围的逐步扩大，以及在供应链运营管理中的逐渐普及，物联网与云计算、大数据、人工智能等信息技术将不断融合，多种不同的物联网技术也将实现集成应用。这些都将推动产业信息化和智能化水平的提升。

第 3 章

变革供应链：
新零售驱动下的新物流

　　新零售时代最突出的特征就是客户需求的小众化、碎片化和及时化。这样的需求特性为每个市场参与者都带来了难题。因此，物流也必须适应客户需求，做出改变。

3.1 新零售带来的物流变革

在新零售时代，品牌商也在不断拓宽渠道、开创场景，借助大数据、人工智能等技术手段，对商品的生产、流通与销售过程进行升级改造，在全渠道、全场景的深度融合中，重塑业态结构与行业生态。

3.1.1 品牌商需求升级

2016年10月，新零售的概念第一次进入了大众视野。在阿里云栖大会上，马云在演讲中提出："未来的10年、20年，没有电子商务这一说，只有新零售。"现实也确实如此。

2012年前，电子商务的边界非常清晰，只有一些个人卖家开店卖货；

紧接着，实体店店主开始上线淘宝、天猫；

之后，制造企业也开始经营网店；

最终，品牌商旗舰店入驻天猫、京东、苏宁等各大平台；

……………

时至今日，电子商务已经成为一个大市场，其中不仅包含消费、零售、生产和服务，更涵盖了品牌、设计和创意等内容，形成了"无商不电"的局面。

如果按照联合国国际贸易委员会的定义，电子商务是利用数字信息进行的商业活动，那么，当今我国的所有商业活动都可称之为电子商务，这也就意味着没有电子商务，只有新零售。

在电子商务的不断发展中，商业和互联网的边界被进一步融合、打破，形成了新的市场和边界。

此时，客户需求的小众化、碎片化和及时化也几乎影响到所有市场主体。想要充分应对这一变化，就要将生产端与消费端的距离尽可能缩短。

当消费者成为供应链的权利中心时，物流在供应链中的作用从支持演变为贯通，成为品牌商直面消费者的环节。

纵观物流的演变历史，物流行业的每一次变革都源自两种力量的共同作用：其一是消费和产业升级，其二是管理和技术突破。在这两种力量的交互作用下，物流模式也会随着供应链的革新而升级。

从具体经营模式来看，针对升级后的品牌商需求，物流变革的方向主要表现在两个层面。

1. 短链化

为了及时应对海量客户的个性化需求，增强组织的反应速度和柔性能力，供应链正在不断缩短。物流企业也需要引入短链模式，从而实现物流服务的高效、精准和敏捷。

在新物流的短链化变革中，企业要抓住 3 个主要着力点。

（1）减少搬运、快速交付

从运输模式来看，品牌商的核心需求在于减少商品搬运次数、强化快速交付能力。品牌商的最终目标就是使原本平均 5 次的搬运次数缩减至 2 次，即从品牌商仓储到物流中心再直接送至消费者手中。

要达成这一目的，不仅需要通过仓配一体服务缩短中间链条，也需要不断优化仓储布局网络，实现提质增效。

（2）洞察消费、精准触达

与传统的销售模式相比，在新零售时代，品牌商可以通过物流直接与消费者链接。而在这一过程中，物流也可以全面洞察和分析消费者需求，并设计出更具针对性、精准性的物流服务，为消费者带来个性化的物流体验。

与此同时，物流企业也可以将分析结果共享给品牌商，为品牌商的精准供应、精准营销、精准服务提供助力。

（3）个性响应、随需应变

品牌商的需求升级在于打开业务环节之间的强耦合关系，并将之拆分成一个个可配置、可组装的插件，如线上营销、线下体验、送货到家等，从而根据客户需求进行个性化组合。

在这样的拆分、组合中，结合短链化带来的高效对接，信息得以迅速传递，企业得以及时分析和决策，快速针对客户需求做出应变，避免信息滞后带来的损失。

2. 融合性

一直以来，品牌商都将货物存放在仓库或供应链的各个节点，因此，库存压力也一直制约着供应链运营效率的提升。在品牌商需求升级的当下，如何解决库存压力、提升配送效率也成为物流变革的核心。

当线上与线下的边界被打破时，作为商业活动的基础，物流行业的边界也开始出现变革——实体零售物流和供应链物流进一步打穿，实体零售供应链与电商供应链进行融合改造。

（1）加速库存周转

顺应品牌商需求升级的发展，新物流也探索出了"全渠道、全场景、一盘货"的模式，让"货在路上"。

如今，货物更多时候都在路上、在运输车辆上、在快递员手中，而非静态地存放在仓库里。在很多分拣中心，一件货物必须在一两个小时内出库，库存周期正在加速缩短。

（2）提升配送效率

新零售时代实质上是去中心化的时代，随着资源的不断分散，也对以中央仓为主要模式的传统物流带来了挑战。因此，新零售带来的物流变革，也需要关注配送环节的融合改造。

通过端到端一体化的服务，新物流正在推动流通体系去渠道化，促进品牌商和消费者无缝对接，以满足消费者随时、随地、随意消费的需求。

在这样的融合思路下，新物流能够为商家提供更强大的网络覆盖和终端配送能力。

3.1.2 物流模式升级

基于品牌商需求的升级，物流模式同样也需要升级转型。面对小众化、碎片化和及时化的客户需求，物流企业也不能一味追求体量的扩大，而要从多个角度出发，增强多元化配送能力，推动供应链协同。

过去，谈及物流企业时，汗水与劳力是第一印象；而如今，谈及新物流时，科技与智能却成了代名词。

过去，物流服务只是商业行为的附庸，而如今，物流服务却成了价值创造的关键环节，逐渐成了供应链的主要环节。

在这样的时代进程中，传统的中央仓模式已经不再适用。新物流必须如新零售一般打破产业边界，不再封闭地思考问题，而是以共享、协同为核心，推动物流模式升级。

一直以来，我国物流行业的资源十分分散。以货运行业为例，无论是干线运输还是城配行业，车辆资源大多集中在小微企业手中，这些小微企业手中可能只有不超 10 辆车，但却支撑起我国的物流架构。

与之相对的，如京东物流、苏宁物流等企业却需要投入大量成本，以更

"重"的模式运营，使企业长期处于较大的业绩压力下。

那么，借鉴新零售的去中心化趋势，新物流能否设计出更"轻"的运营模式或更具市场优势的"重"模式呢？

1. 协同多方、共创价值

面对中国零散分布的物流资源，任何企业如果能将这些零散资源整合在一起，必将极大地降低物流成本、提升物流效率。

因此，协同多方、共创价值也是发展物流"轻"模式的必由之路。

基于开放、共享的理念，新物流不仅可以横向进行物流产业内部协同，如物流设施、信息系统，还可以纵向进行供应链内部协同，优化采购、库存等环节，更可以跨界进行全产业融合，如供应链金融。

目前来看，我国最典型的物流"轻"模式升级就在于共同配送体系的建立。

发达国家的物流产业大多采用自上而下的共同配送体系，如日本 7-11 连锁便利店，就是在大零售体系驱动下，搭建起共享、共创的物流平台，进而构建出一种高度集中的物流模式。

近年来，我国也开始出现自发的共同配送体系。与发达国家不同的是，我国的共同配送发展具有明显的自下而上的特征。

比如，徐州沛县飞马配送就探索出了一套成功的共同配送体系，其成功经验也被业界称为"沛县模式"。

传统快递模式的一个特征在于：揽收利润高、配送几乎无利润。如果快递公司因此而忽视了配送体验的改善，就难以赢得客户认可，想要揽收到更多快递也无从谈起。

这也是沛县快递业的痛点。长期以来，沛县快递业一直由 6 家小型快递公司主导，但在各自为政的经营中，每家快递公司的配送体验都不尽如人意。

最终，这 6 家快递公司决定走向联合，将揽收与配送分开，并成立了飞马配送快递公司，专注于提升配送服务质量：

①通过建立共同分拣配送中心，飞马配送为 6 家快递公司节省了 60% 的场地成本；

②通过建立统一配送的服务机制，飞马配送每天只需配送 4 次，远低于原来的 6 家各运输 2 次（共 12 次）；

③随着配送时效的大幅提升，飞马配送也为 6 家快递公司节省了 30% 的人工成本。

2. 智慧高效、全局优化

相比于物流"轻"模式，物流"重"模式的核心能力并不是整合能力，而是技术能力。

对专注于"重资产"投入的物流企业而言，新物流最重要的资产并非是更大的仓库、更多的车辆，而是更智慧、高效的技术。

通过技术创新，物流"重"模式可以打造出全方位智慧化的物流体系，随着这套模式的不断完善，它必然能够延伸至供应链的其他环节，最终实现供应链的全局优化。

近年来，菜鸟网络一直大力推广智能仓配模式。在该模式下，通过数据化分仓备货，原先长达 1 000 千米的人货距离被缩短至 150～500 千米。这就从根本上提高了物流时效和服务水平。

在智能仓配模式下，2018 年"双十一"期间，为了增强物流能力，菜鸟嘉兴仓基于数据分析，将自动化分区资源增加了 100%。

值得一提的是，菜鸟智能仓配同样是一种社会化共同仓配模式，从仓储到配送需要多家公司共同完成——菜鸟网络正在搭建一个全新的物流生态体系，将自身的技术能力共享给更多物流企业。

例如，菜鸟惠阳仓就实现了全 AGV 搬运机器人运营。在上百台机器人的共同运营下，菜鸟惠阳仓的单日发货量可超百万件。

物流企业要实现智慧高效、全局优化的目标，要从 3 个主要层面着手。

（1）操作层面——无人化。 随着机器人、人工智能技术的发展和应用，无人化正在供应链中不断辐射，从仓储、分拣到运输、配送再到客服……全流程的无人化能够极大地提升供应链运营效率，并且将差错率降至极低水平。

（2）运营层面——智能化。 借助大数据、人工智能等技术，物流运营的智能化也在不断提升，如智能网络布局、仓储管理、运输规划、终端配送等。在物流网络不断扩大的当下，智能化才能确保物流网络有序、高效地运转。

（3）网络层面——协同性。 物流"重"模式更关注供应链和社会化的协同，这是因为物联网、大数据等技术只有应用到全流程、全方位优化中，才能发挥出最大的价值，也才能实现资源配置优化和流通效率提升。

对于物流"重"模式而言，企业需要站在全局化的角度思考问题：如何通过规模化运营和技术创新，实现供应链效率的提升、供应链成本的降低，以及供应链运营的绿色可持续。

3.1.3　同城配送服务升级

随着新零售时代的到来，物流行业已经进入"人、货、仓、配"重新整合的新常态。此时，在"懒人经济"的推动和物流行业的细分发展下，同城配送正在成为新的物流增长点。

多年来，电商的快递包裹构成了物流业务量的主要增量。然而，仅从电商快递来看，从 2010 年至今，电商快递的增速已经由 50% 以上降至 2018 年上半年的 27.5%。

反观同城配送，其市场规模在 2017 年已经逼近 100 亿元，同比增长超过 300%；从整体业务占比来看，2016 年年初，同城配送业务量仅占快递业务量的 5%，而到了 2017 年年底，这一数字迅速增长为 30%。

简单而言，同城配送提供的就是市区范围内的物流配送服务。

同城配送之所以能够成为新零售时代最具活力的物流领域，正是因为当下的同城配送仍然存在覆盖不全、价格过高、缺乏保障等问题，消费者的需求难以得到有效满足。

对于同城配送行业而言，这样的市场现状既是机遇也是挑战。

此时，物流企业要抓住市场机遇，就必须对同城配送服务进行升级。

1. 同城配送服务的市场机遇

物流业界一直对同城配送抱以极大期待，将之看作一个万亿元级的细分市场，其市场机遇主要源自两方面。

（1）客户需求

在传统快递市场，客户的许多物流需求一直难以得到解决，比如贵重物品、液体、植物等。客户对这些物品的配送需求，大多集中于同城，比如贵重文件的同城传送、生鲜果蔬的送货上门、鲜花礼品的同城赠送等。

针对这些需求，具有多样运输方式的同城配送可以给出有效的解决方案，以解决客户的需求痛点。

与此同时，传统快递从揽收到配送存在严格的流程。例如，即使寄件地址距离收件地址只有 5 千米，快递员在揽件之后，也要先送往 10 千米之外的揽收中心，再进行扫描、归纳，继而送往 10 千米之外的配送中心，再由快递员进行配送。这就导致传统快递服务在同城配送中的效率低下，难以满足客户需求。而同城配送服务模式则能有效减少商品周转次数，缩短业务流程和快递周期，以实现配送效率最大化。

（2）市场潜力

同城配送行业尚未形成一家独大的格局，还有更大的市场潜力和发展空间。因此，同城配送服务赢得了诸多投资者和创业者的青睐。

目前，同城配送大部分从业者还是小企业甚至个体户，具有"小、散、弱"的鲜明特征，即企业规模小、市场份额分散、服务能力弱。

面对这一新的市场风口，即使如顺丰速运这样的行业龙头，也直到2018年才正式入局。这对于从业者来说，无疑是一个重大利好。

当然，如果想要抢占同城配送服务市场，从业者仍需对同行深入了解，并制定出真正满足客户需求的服务方案。

2018年，顺丰速运推出"同城急送"服务。该服务被顺丰速运定位为一款高时效物流产品，由顺丰速运的全职员工配送，且配送速度高达0.5～2小时。

值得一提的是，"同城急送"支持的配送品类极为丰富，包含文件、票据、印章、证照、汽车配件、蛋糕、鲜花、酒水小吃、节庆礼品、古玩字画、奢侈品、衣帽眼镜、花鸟鱼虫等高价值、对配送和包装安全要求高的物品，以及个人客户的计算机、钥匙、母乳、月子餐等私人物品。

由此可见，顺丰速运正在将其在时效、安全、服务方面的优势移植到同城配送服务当中。

2.同城配送服务的升级方向

伴随着顺丰速运等行业巨头的入局，很多从业者感受到了巨大的压力。但与传统快递一样，同城配送同样存在自建与众包等多种运营模式，具有时效、质量、成本等多种评价要素。

与此同时，在同城配送服务市场，客户需求存在明显的多样性、不可预测性特征，且对高效、便捷的要求更高。

面对这样的客户需求痛点，即使是行业巨头，也难以宣告"一击即中"。

因此，在同城配送服务市场，更为关键的是把握住服务升级方向，迅速为客户提供行之有效的解决方案，从而抢占市场先机，成为行业"黑马"。

具体而言，同城配送服务的升级方向主要有 3 个方面。

（1）信息化建设

目前，同城配送服务的发展瓶颈很大程度上源自低下的信息化程度。这也导致同城配送服务在很多方面（如交货准时性、响应敏捷性、信息及时性、服务满意度等）存在不足。

对此，同城配送服务可以将信息化建设作为升级方向，如图 3.1-1 所示。

图 3.1-1　同城配送服务的信息化建设方向

（2）细分化升级

同城配送服务作为一个万亿元级的细分市场，其间必然存在大量的细分可能。如果同城配送服务的从业者可以找到一个千亿元级、百亿元级的再细分市场，那么，无疑可以找到属于自己的"蓝海"。

此时，从业者就要充分发挥想象力，并对市场进行深度调研，找到最具成功可能的细分市场。

①针对特定行业的同城配送服务，如服装行业配送；

②针对特定商品的同城配送服务，如奢侈品配送；

③针对特定企业的同城配送服务，如鲜花店配送。

（3）战略性合作

针对特定企业的同城配送服务，是同城配送服务的有效升级方向。在这个方向上，同城配送服务的从业者也可以进一步拓展，通过为企业客户提供全方位的服务建立相互依赖关系，最终与企业建立战略性合作关系。

具体而言，拓展方向分为两个层面。

①配送广度：满足企业所有的同城配送服务，如办公文件、公对公业务、跑腿排队等；

②配送深度：专注于企业某一高频同城配送需求，不断提升服务效率和服务体验。

目前来看，同城配送服务领域仍然存在诸多升级可能。尤其是在向乡镇下沉、向居民社区拓展的过程中，同城配送服务的市场潜力也在不断释放，而从业者要做的就是找到最适合自己的升级方向。

3.2　战略物流下的物流新模式

电子商务的蓬勃发展离不开物流的底层支持；物流行业的创新变革同样离不开电子商务的模式探索。

3.2.1　电商物流模式

随着我国物流行业的发展成熟，市场格局也已经稳固，形成独特的"2+1"格局——中国邮政/EMS、顺丰速运和通达系，如图3.2-1所示。

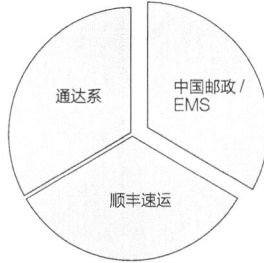

图 3.2-1　我国物流市场格局

在我国电商的发货选择中，我们可以看到一个有趣的现象：一般情况下，中国邮政 /EMS 和顺丰都是必有选项，而通达系只有部分企业会被选择。

这样的现象也揭示了当前我国电商物流市场的特征，即"邮政广、顺丰快、通达廉"。在这样的市场格局下，电商物流企业也相继探索出新的物流模式。

1. 电商物流市场格局

（1）中国邮政 /EMS 的 100% 覆盖

在政策的支持下，中国邮政在电商物流布局中往往表现出"不计盈亏"的特征，因此，中国邮政也是唯一一家能够做到 100% 覆盖的电商物流企业。

虽然中国邮政的时效和服务长期被市场所诟病，但 100% 覆盖的独特优势使其成为电商物流的必选项。

（2）顺丰速运的高端服务

在国内电商物流市场，顺丰速运已经成为"高端服务"的代名词。顺丰速运的物流时效和质量都值得称道。在高端物流服务市场，几乎没有企业可以与顺丰速运匹敌。

当然，与高端服务相对的，则是较高的服务价格。但为了满足消费者对于快时效和高质量的需求，顺丰速运自然成为电商物流的另一个必有选项。

值得一提的是，京东物流的时效与服务同样出色，但由于京东物流长期专为京东商城服务，故在电商物流市场也呈现出"超然世外"的特征，即使在拆分、开放之后，也尚未挤进电商物流市场的头部领域。

（3）通达系的同质竞争

所谓"通达系"，是指由申通快递、圆通速递、中通快递、百世汇通、韵达快递等民营快递公司的集合。

或许正是因为相似的出身，通达系都是从作坊式、家族式企业起家，在经历了一段时间的"野蛮"增长之后，又都采用了加盟运营的"轻资产"模式。同样在2017年，通达系企业相继上市。

相比于中国邮政和顺丰速运，通达系在电商物流市场的定位大同小异，也因此陷入无法逃脱的同质化竞争中：通达系的服务品质、配送时效并无太大区别，其服务价格也都处于同一价位。因此，电商在物流渠道大多会选择一两家进行合作，以获取优惠价格。

2. 电商物流模式探索

伴随着电商物流野蛮增长期的结束，在"无商不电"的当下，电商物流也开始深度探索更多的业务模式，在提质增效中建立企业的核心优势，实现差异化竞争。

目前，从电商企业的角度来看，电商物流主要有7大模式。

（1）自营物流

自营物流是指电商企业自行组建物流配送系统，并对企业内的物流运营进行计划、组织与管理。

从经营主体来看，自营物流模式也可以分为两类。

①大型B2C电商企业，为改善平台用户的消费体验而选择自建物流，如京东物流；

②传统大型品牌商的电商业务，本身具备较为完善的物流体系，如安踏。

（2）第三方物流

第三方物流是指电商企业将物流活动委托给专业的物流企业完成，也可称作外包电商物流模式。

以中国邮政、顺丰速运、通达系为代表的快递企业，都是第三方物流的代表企业。

当下，物流众包也成为第三方物流的一种创新模式：通过激活社会闲散劳动力扩大物流配送的社会化功能，进而优化电商物流服务。

（3）物流联盟

物流联盟是指电商企业与物流企业建立的战略联盟关系。在这种更为稳固的长期合作关系下，联盟成员也得以实现共赢。

目前，通达系为了获取更大的市场份额，大多会与有实力的电商品牌建立物流联盟，在获取稳定订单来源的同时，为对方提供更优质的物流服务。

（4）"O-S-O"物流

"O-S-O"物流是许多大型电商企业的物流发展历程：从物流外包到自建物流，再到物流开放。

"O-S-O"物流并非简单的递进过程，而是顺应电商企业的发展水平和客户的需求水平，在波浪式前进中实现螺旋上升，不断提高社会化物流水平。

（5）第四方物流

第四方物流是由专业的物流咨询公司为电商企业制订物流方案。

随着第三方物流企业的蓬勃发展，面对成百上千家第三方物流公司，电商企业在选择第三方物流时，通常需要综合成本、时效性、稳定性等多个要素进行考虑。

因此，第四方物流则能根据电商企业的需求，为其提供物流系统的分析、诊断，并提出优化设计方案。

（6）自营物流 + 第三方物流

大型电商企业通常都会选择自营物流模式，以控制平台的物流服务质量。但很多电商企业实力有限，难以将自建物流做到极致，因此，借助自建物流和第三方物流的协同模式，成为一种可行的解决方案。

（7）第五方物流

相比而言，第三方物流主要提供物流能力，第四方物流主要提供物流方案，而第五方物流则成为整个供应链物流的支持力量，主要提供人才培训、信息支持、技术支持，或是制订全流程物流解决方案。

随着电商物流的不断发展，各类物流模式之间的区分也逐渐变得模糊。尤其是在新零售时代，新物流也正在扩大服务领域、深化服务能力，甚至逐渐转型为供应链运营管理企业，针对整个电商流程进行优化。

3.2.2　冷链物流模式

电商物流市场已经成为一片红海，如果缺乏核心竞争力，即使如通达系这样的大型快递公司都有可能没落。也正是在这样的市场背景下，冷链物流市场作为一片蓝海，逐渐成为各方争夺的战略重点。

图 3.2-2 所示为我国冷链物流市场规模数据及未来预测。直到中国物流行业增速逐渐放缓的 2017 年，我国冷链市场才开始进入快速增长通道。

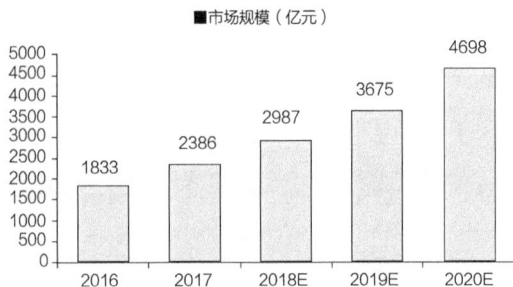

■市场规模（亿元）

图 3.2-2　我国冷链物流市场规模数据及未来预测

针对这一现象，我们也必须理解冷链物流背后的发展逻辑：为何长期以来冷链物流一直发展缓慢？

与传统物流或电商物流不同的是，冷链物流的发展一直是由商流推动的，行业很难自发推动冷链物流的发展。

图 3.2-3 所示为冷链物流金字塔。冷链物流的主要需求如果蔬、水产等必然集中在居民收入水平较高的城市。直到如今，伴随居民收入水平的提升、城市化进程的推进，我国拥有中等消费能力的人数足够多，才能支撑冷链物流的发展。

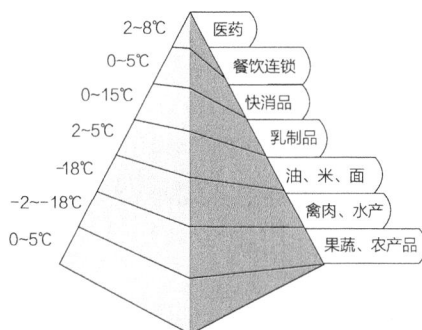

图 3.2-3　冷链物流金字塔

毫无疑问，冷链物流的风口已经到来。但与此同时，我国冷链物流水平与发达国家仍有较大差距，整体水平只有发达国家的 10% ~ 20%。

截至 2018 年，在冷链物流流通率方面，欧美国家基本上都达到了 85% 以上，而我国只有 19%；

在冷链物流预冷方面，我国预冷果蔬的占比一般为 10%，而欧美国家高达 95% ~ 100%；

在美国，平均每 500 个人就拥有一辆冷藏车，而我国相同水平的冷藏车拥有量为平均每 1.8 万人一辆。

我国冷链物流要想达到乃至超过发达国家的水平，无疑还有很多工作要做。要实现弯道超车的可行办法就是创新冷链物流模式。

1. 冷链物流的"三座大山"

在冷链物流的发展道路上，从业者不可避免地需要面对"三座大山"。

（1）资源分布不均

①冷库分布不均。据统计，华东地区冷库容量占全国容量的 46%，其中以山东、上海、江苏的发展速度最快，相应的冷库容量也居全国前列。与之相比，其他地区冷库容量却较少，如华北、西南等地。

②运输能力不均。由于我国冷链市场仍处于初级发展阶段，冷链物流技术也不成熟，这就对冷链运输能力提出了更高的要求。而西南等地的地形因素又进一步加大了当地冷链物流的技术难度，加剧了运输能力不均的问题。

（2）冷链成本过高

冷链物流需要的不只是制冷，还需要在整个物流过程中适当保持恒温状态。因此，冷链物流需要投入大量成本。与此同时，由于物流各环节的冷链服务质量不同，尤其是源头预冷不足，也会造成货损、货差。

2018 年，据中冷联盟介绍，冷库建设和运营的成本都居高不下，万吨级冷库建设成本预算高达 4 210 万元，年运营成本预算高达 1 404 万元。

（3）冷链人才短缺

冷链物流对技术的专业性要求也导致其对专业人才的需求激增。然而，面对快速发展的冷链物流，我国冷链人才的培养速度却较为缓慢，几乎每家冷链物流企业都面临着人才资源短缺的问题。

2018 年，相关数据显示，我国每年物流专业毕业生约为 20 万人，但每年新增的物流岗位却高达 130 万个，其中冷链物流人才更是远远无法满足对应的岗位需求。

2. 冷链物流的"三大机遇"

冷链物流市场困难重重，意味着更多的发展机遇。因此，近年来越来越多的企业开始进入冷链领域跑马圈地。

然而，要真正抓住冷链物流市场的发展契机，从业者就要在设计冷链物流模式时解决行业痛点、把握市场机遇。

（1）冷链标准化

电商物流在经过多年的野蛮增长后，正在投入大量成本以实现标准化。而在刚刚起步的冷链物流市场，如果能够从标准化做起，也能够为冷链物流市场的有序发展提供助力。

然而，物流标准化并非易事。尤其是在冷链物流市场，由于运送产品的特殊性，如果无法做好标准化，更可能发生食品、药品的安全风险。

此时，如果企业可以设计出全流程的冷链标准化模式，将冷链服务延伸至前端，在前端提供优质的冷藏条件，并通过高速渠道将产品运送到客户手中，就能有效保证产品质量，规避冷链物流的安全问题。

（2）冷链前置仓

相比于其他产品，冷链物流产品对库存周转的要求更高。如果仓储时间过长，即使在良好的冷藏条件下，产品也可能出现变质，导致货损、货差的问题发生。

因此，在新零售时代，前置仓模式因为在去库存方面的显著能力而更适合冷链物流。比如，盒马鲜生的优质冷链服务就离不开其"门店即仓储"的前置仓模式。

冷链物流应进一步优化前置仓模式，通过建立分布式仓储或小型"微仓"缩短配送时间，提升冷链物流服务质量。

（3）冷链生态圈

经过 10 多年的发展，鲜易供应链已经由单一的冷链运输企业发展为供应链服务平台，并在全国七大区域布局了三大温控园区以及 25 个城市前置仓。基于完善的物流网络，鲜易供应链能够为客户提供完善的冷链物流以及流通加工、检验检疫和保税等一体化服务。

冷链资源分布的不均衡以及高昂的资金、技术、人才投入往往使冷链物流从业者无从下手。此时，搭建冷链生态圈的模式能够有效摊薄成本，降低冷链物流的门槛。

与此同时，在统一的生态圈整合下，更容易实现冷链物流服务的标准化，并建立更加完善的网络布局。这就可以实现仓储、配送资源的有效利用，继而提升冷链物流服务质量。

3.2.3 生鲜物流模式

随着生活节奏的不断加快和消费升级的逐步推进，越来越多的消费者开始选择网购生鲜商品。每日优鲜、中粮我买网、顺丰优选等生鲜电商也随之发展起来。

正如每日优鲜创始人所说，在消费升级、移动互联网发展及供给侧结构性改革的共同作用下，生鲜电商的春天已经到来。

在这样的行业"春风"中，每日优鲜更是在 2016 年创造了 500% 的增长神话。然而，与每日优鲜等头部企业相对的是，在我国超过 4 000 家生鲜电商中，7% 的企业处于巨额亏损中，88% 的企业小额亏损，4% 的企业能够实现收支平衡，而实现盈利的企业占比不足 1%。

在物流细分市场，与冷链物流市场共同发展起来的是生鲜物流市场。从很大程度上来看，生鲜物流与冷链物流存在一定的共同点。生鲜物流虽然同样需要冷链物流作为支撑，但其更关注的是本地市场——生鲜电商，而其产品则以果蔬、禽肉、水产品为主。

冷链物流与生鲜物流可以说是相辅相成的，只不过生鲜物流在战略上的创新体现在末端配送环节。

1. 生鲜电商的痛点

除了冷链物流之外，生鲜电商的最大痛点还在于居高不下的包装、配送和损耗成本。正因如此，很多冷链物流从业者对生鲜电商也是望而却步。

（1）包装成本

在传统生鲜销售模式下，经销商大多采取大批量、少批次的采购模式，以保证食品的生鲜度。然而，在零售环节，要想为客户提供更为新鲜的生鲜食品，则需要更为"厚实"的包装，如保温袋、冰袋等。

因此，在小批量、多批次的生鲜电商市场，包装成本一直居高不下。

（2）配送成本

为了解决包装成本的问题，企业应提高配送时效。如果能够更快地将生鲜食品送到客户手中，则可以减少一定的包装成本。但与之相对的，则是配送成本的提高。

与其他产品的物流配送相比，保温箱是生鲜配送的标配。这也是无法削减的部分配送成本。

（3）损耗成本

发达国家生鲜电商的损耗成本通常为 5%。但在我国电商市场，由于品类更多、标准化程度更低、冷链技术较差，其损耗成本往往高达 20%～30%。

尤其是在水产品市场，由于我国消费者大多有"活即是鲜"的需求，所以物流企业对很多水产品不得不采用"活体运输"的模式。这又进一步增加了生鲜电商的损耗成本。

2. 生鲜物流模式

生鲜电商对鲜活性、时效性和损耗性的要求使其成本长期居高不下，盈利压力巨大。要想解决生鲜电商的痛点，就要对生鲜物流的模式进行创新。

近年来，在不断的探索中，国内生鲜物流企业已形成了多种物流模式。

（1）物流电商模式

基于客户对物流配送能力的高要求以及新物流趋势下的定位转换，物流企业也开始推出物流电商业务，利用自身在物流配送方面的专业能力，为客户提供更快的配送服务，并借助时效确保配送质量。

物流电商模式的代表就是顺丰速运的顺丰优选。顺丰速运在我国物流市场是当之无愧的佼佼者，其服务质量一直受到客户认可，而生鲜电商客户对价格的接受能力也普遍偏高。

（2）食品供应商模式

在生鲜电商市场，客户最看重的就是食品安全。因此，当食品供应商直接进入生鲜电商市场时，即使配送服务不具优势，其强大的食品供应链也能为其带来其他平台难以企及的优势。

例如，中粮我买网、光明菜管家就是食品供应商模式的代表企业。基于中粮集团和光明集团在食品供应链及食品仓储方面的巨大优势，其食品安全也更能赢得客户认可。

（3）线下超市模式

在生鲜物流市场，线下超市在配送距离、冷库资源和供应链管理方面都具有一定优势。

从实践来看，如华润万家、永辉超市等传统超市，其推出的生鲜平台已经相继关闭。之所以这样，是因为其未能很好地平衡配送人工成本和电商运营成本。但这并不意味着线下超市模式的无效。事实上，从某种层面来看，盒马鲜生正是一种线下超市模式。在"盒区房"的概念下，盒马鲜生充分发挥了传统线下超市的优势，再结合自身的电商运营能力和配送能力，成了生鲜物流中的代表企业。

3.2.4　农村电商与农村物流

随着农村网络覆盖率的提升，我国农村电商市场规模也日益扩大。面对这样一个亟待激活的市场，马云在 2017 年提出"农村电商将是新的文明，新的商业文明，会走向全世界"的口号。

"乡村振兴战略"也标志着我国城乡一体化进程进入城乡深度融合的新阶段。

在市场的认可和国家的推动下，农村电商迎来了巨大的发展。

然而，在逐渐火热的农村电商市场，物流却成为最关键的桎梏。

村民居住地分散、每户销售和购买金额较小、农村道路设施不完善、单笔配送物流成本较高……农村物流的发展面临诸多痛点。对此，很多农村物流从业者也感到不知所措。

2018 年，是国家实施"乡村振兴"战略的开局之年，也是推进农业改革的发展之年。农村物流作为乡村振兴、农村电商的重要支撑，被国家和行业寄予厚望，也为参与者带来了更多的发展机遇。

1. 切忌盲目复制

从 2018 年各大电商巨头的实践来看，盲目复制是发展农村物流的最大误区。例如，京东物流以县级服务中心建设为核心，专门设置配送站长、物流配送员和乡村主管；苏宁易购则希望通过自建渠道，将农村的优质商品带出去。

自建物流、第三方物流、物流联盟……各种电商物流模式在农村轮番上场，收益却都不尽如人意。

以菜鸟网络大力推动的"工业品下行"和"农产品上行"为例，虽然"工业品下行"已经取得一些成绩，但"农产品上行"之路却依然艰难，主要还是依靠政府资金扶持或高知名度产品（如奉节脐橙等）。

电商物流模式的盲目复制在农村电商市场几乎寸步难行。除农村电商和物流基础设施不完善之外，不同区域居民对电商物流的需求差异明显，而农民参与电商的积极性严重不足，农村电商物流人才同样严重不足。

基于上述原因，互联网企业惯用的"降维打击"手段在农村市场却难以实现预期效果。

2. 高效模式探索

在推动农村电商与农村物流发展时，企业切忌盲目复制，应根据区域特征选择合适的农村物流模式，从而探索出一条高效物流模式，具体可以从以下 4 个方面着手。

（1）整合配送资源

居住分散、配送频率低、单均成本高……面对农村物流的诸多问题，任何物流企业要想独立解决这些问题都需要投入大量成本，而其收益却难以保障。

因此，物流企业可以建立县级公共物流配送中心，并对县域配送资源进行整合，每家企业根据自身优势明确定位和分工，形成农村电商物流生态，从而催生范围经济、规模经济，提升参与企业的盈利能力。

（2）差异化物流模式

县域特征的差异化是农村物流难以快速复制的根源。因此，在进入某一县域市场之前，企业应充分调研，针对当地电商物流环境设计出相应的农村物流模式。

除此之外，企业也需对当地工作人员进行充分培训，或选择有一定经验和能力的代理人，在深入服务农村物流市场的同时，赢得农村客户的认可，持续改善农村电商物流环境。

（3）双向物流信息化

由于农村信息化网络发展水平较低，所以农村供需信息难以高效、准确地传递。这也是阻碍"工业品下行"和"农产品上行"的主要因素。因此，农村物流从业者应大力推动农村信息化建设，实现农产品物流统一化管理。

随着农村信息流的不断打通，资金流、商流、人流也将随之畅通。其实，物流企业可以通过"互联网＋农业""互联网＋物流"建立农村电商物流数据服务信息库，将农村供需信息及时推向市场。

（4）构建第四方物流

农村物流市场的特点导致电商企业的优势难以得到充分发挥，反而会出现资源浪费、效率低下等问题。对此，农村物流可以采用第四方物流模式，由第三方物流公司针对县域物流特征制订、策划方案，并主导农村物流资源的整合，搭建农村电商物流平台。

在复杂的农村电商市场，独立的第三方物流能够充分发挥其资源整合能力。在这一过程中，第四方物流模式要想获得成功，仍需以时效、成本、服务为核心，着力打造最佳增值服务。

3.2.5 跨境物流模式

经济全球化使我国与各国之间的商贸往来愈发频繁。当下，进出口贸易已经成为促进我国经济社会发展的重要组成部分。这其中，跨境电商也成为我国国民经济增长的新亮点。

然而，在跨境电商的迅猛发展中，跨境物流却仍然未能很好地完成自身的支持性工作。

不同于我国国内的各种物流模式，跨境物流具有远距离、长时间、高成本的特征，其间还涉及海关等诸多问题。正是这些现实因素造就了跨境物流的现状——物流成本高、配送速度慢、服务水平低等。

为此，跨境物流也正在探索新的服务模式，为跨境电商提供更加完善的解决方案。但这也造成了跨境物流模式花样繁多的情况，反而令跨境电商难以明确其优缺点，更难以做出符合自身需求的选择。

因此，物流服务商也应尽力改善自身方案的缺陷，以提高跨境物流效率、改善跨境物流服务。

目前，跨境物流主要有 5 种模式。

1. 邮政小包

据不完全统计，在我国跨境电商的出口业务中，70% 的包裹都是通过邮政系统寄送的，其中，中国邮政占据的市场份额高达 50% 左右。

（1）优势： 邮政小包的优势主要体现在以下两个方面。

①覆盖广。经过全球各国邮政的布局，如今，邮政网络已经基本能够覆盖全球，在覆盖广度上具有其他跨境物流无可比拟的优势。

②价格低。各国邮政系统一般都由国家经营，基于国家税收优惠政策，邮政寄送的价格也相对便宜。

（2）劣势： 邮政小包的劣势主要体现在以下两个方面。

①私人包裹。通过邮政系统寄送的快递一般是以私人包裹的方式寄出的，这既不利于海关统计，也无法很好地享受出口退税。

②服务较差。邮政服务的速度相对较慢，且丢包率较高。

2. 国际快递

目前，在国际快递市场有 UPS、DHL、TNT 等。国际快递大多采用在全球自建物流和信息网络的模式，对信息的收集和管理也有很高的要求。

（1）优势： 国际快递具有速度快、服务好、丢包率低等优势。

（2）劣势： 与优质服务相对的，国际快递的价格也十分昂贵，且波动较大。

因此，只有在对时效、服务有更高要求时，跨境电商才会选择国际快递，且国际快递的运费一般由客户承担。

3. 国内快递

基于跨境电商的快速发展，为了突破国际快递的桎梏，我国快递企业也正在加速跨境物流布局，并推出相关跨境物流服务，如 EMS 等。其中，EMS 依托邮政渠道已经推出覆盖全球 60 多个国家和地区的直达服务。

（1）**优势：**我国快递相比邮政小包，具有更强的速度优势和出关优势。

（2）**劣势：**由于缺乏经验，我国快递企业对跨境物流尚缺乏足够的把控能力，其覆盖范围也十分有限。

4. 专线物流

专线物流是通过与境外物流公司的战略合作，在将货物运输到境外后，由当地物流公司进行派送。

（1）**优势：**专线物流能够实现大批量货物的集中运输，进而借助规模效应降低成本。

（2）**劣势：**专线物流的核心优势在于规模效应，这导致其覆盖面较窄，一般只能覆盖主要商贸往来国家。

5. 海外仓

海外仓是跨境物流加速发展背景下的新模式。它能够为跨境电商提供在目标国家或地区的仓储、分拣、包装、派送的一站式服务。

海外仓一般由跨境电商、物流服务商独立或共同建立。近年来，京东物流、顺丰速运等企业都在布局海外仓。

海外仓的物流模式为：服务商在境外目的地建立海外仓，商家直接将货物存储在海外仓中，在境外目的地客户下达订单之后，海外仓可以在第一时间做出响应，安排相应货物的分拣、包装和配送。

具体而言，海外仓的物流模式包含 3 个部分，如图 3.2-4 所示。

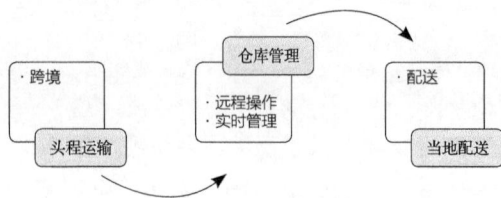

图 3.2-4　海外仓模式

①头程运输：商家通过海运、空运等方式将商品跨境运送至海外仓库；

②仓库管理：借助物流信息系统，商家可进行远程操作，实时管理海外仓储货物；

③当地配送：按照商家的订单，海外仓储中心按需发货，并由当地物流企业配送给客户。

海外仓模式的优劣势极为明显。

（1）优势： 海外仓模式的优势主要体现在以下 4 个方面。

①成本降低。海外仓的头程运输是采用传统外贸方式走货到仓，可以有效降低物流成本。

②灵活可靠。海外仓模式的销售环节其实都发生在仓库所在地，因此可以为客户提供更加灵活可靠的服务体验，包括退换货等。

③效率提升。海外仓模式的发货、配送都在当地，能够极大地缩短发货周期，提升配送效率。

④销售拓展。海外仓模式能够有效突破跨境物流"大而重"的瓶颈，帮助商家实现销售拼配的拓展。

（2）**劣势：** 海外仓模式的劣势主要体现在以下 3 个方面。

①适用性较低。海外仓模式其实是基于跨境电商的销售预测，并非所有商品都适合海外仓模式。若非库存周转快的热销商品，很容易出现海外压货等情况。

②管理要求高。要想充分利用海外仓模式，商家需要具备更高的管理能力，尤其是在供应链管理、库存管控、动销管理等方面。

③政策风险高。海外仓模式的推进需要地方政策的支持，如果地方政策发生变化，则可能出现一定的风险。

3.2.6　云物流模式

效率、成本是物流模式革新的永恒主题。在目前的物流市场，1 000 个物流公司就有 1 000 个标准，缺乏统一标准的物流公司很难实现快速对接，更难以通过资源整合降低物流成本。

直到近年来，随着云计算、大数据等新兴技术的普及应用，低成本、高效率的物流模式才成为可能——这就是云物流模式。

简单而言，云物流就是基于云计算应用模式的物流平台服务。

在云物流平台上，不仅有物流企业，还有代理服务商、设备制造商、管理机构、行业媒体、法律机构等成员。云物流平台实际上是"云端"的资源池，每位成员都可以在"云端"展示并获取资源，从而在信息的高速流通中降低物流成本、提高物流效率。

云物流模式的概念最早源自星晨急便。星晨急便的创始人是原宅急送总裁陈平。在经营传统小件快递的同时，星晨急便更加专注于做电子商务专业化物流信息服务，并于 2010 年获得阿里巴巴注资。

这次注资也让"云物流"的概念浮出水面。

根据陈平的形容，云物流平台就像自来水公司的一个大水池，水池里有物流服务所需的一系列资源，而与水池相连接的则是大量自来水管道和水龙头。所谓的"自来水管道"，就是公路、铁路、航空运输公司，而"水龙头"则是配送、快递公司。

在这样的模式下，客户打开"水龙头"就可以立即收到"自来水"。

借助"自来水"的比喻，我们也能对云物流模式有更为直观的理解，而云物流平台的核心功能就在于对海量的订货单和发货单实时处理，按照地域、时间、类别、紧急程度分类之后，将运单信息发送给相应成员。

此时，中小型快递公司只需打开"水龙头"，就可以访问云物流平台，获得取件或配送订单。

随着云时代的到来，云物流已经成为解决物流痛点的最新方式，无论是阿里巴巴、IBM（国际商业机器公司）还是社会组织，都在不断加码物流云技术。

1. 云物流的特征

云物流之所以受到业界和社会组织的重视，是因为云物流模式本身具备的优势特征。

（1）社会化

目前我国物流参与者众多，尤其是在物流终端，有成千上万的快递公司、派送点、代送点，但其布局仍未得到完整规划。在云物流模式下，这些社会资源能得到有效整合，以避免资源重复配置、错配或闲置。

（2）节约化

信息化已经成为物流革新的共同选择，云计算也在其中扮演着重要角色。如果每家企业都选择自主搭建云计算平台，不仅有相当的技术门槛，也会造成大量浪费，而集中建设的云物流平台则能发挥规模效应，实现物流节约化发展。

（3）标准化

标准化始终是我国物流行业和物流资源整合的核心。云物流则能够基于统一的平台对成员进行标准化管理。在这样的过程中，物流标准也将不断改善，并在整个行业内走向统一。

2. 云物流基本架构

云物流的核心在于云计算，下面我们从云计算出发来理解云物流的基本架构。

（1）云基础设施层

云基础设施层是云物流的最底层，也是最基础的部分，其主要功能是通过硬件、软件资源的共同作用，尤其是目前成熟的 IaaS 产品，为云平台提供服务。

①硬件资源，主要包括计算机、存储设备、网络设备等。

②软件资源，主要包括存储服务、队列服务、应用服务等。

（2）云平台层

云平台层是云物流的中间层，主要采用目前成熟的 SOA（Service-Oriented Architecture，面向服务的架构）来实现，其核心就是云计算服务。具体包括云计算环境、云服务管理和云服务调动等。

①云计算环境是对云服务的支持，以满足用户的一般业务需求。

②云服务管理主要提供服务的编写、监督等功能，以满足用户对特定业务的需求；

③云服务调动提供统一的调用接口，以便用户调动所需服务。

（3）云应用层

云应用层是云物流的顶层，主要为用户提供尽可能丰富的创新功能，以提高物流效率、优化物流服务。

云应用层的功能一般具有 3 个特征。

①访问便捷。用户只需通过标准浏览器即可实现互联网连接。

②按需付费。用户使用云服务时只需注册一个账号，之后根据使用情况付费即可。

③整合能力。云应用层具有很好的整合能力，能够将各类功能整合提供给用户。

3.3 新零售下的物流仓储

在新零售形势下，物流仓储发生了巨大的变化，不管是物流场地还是物流信息等都考验着商家。

3.3.1 物流园与物流地产

"物流地产"的概念于20世纪80年代出现在美国，并展开了一系列实践。近年来，随着新零售和新物流的发展，物流地产也在我国火爆起来，众多行业巨头纷纷开始布局。

所谓物流地产，就是物流企业根据客户的需要，在合适的地点投资建设符合需求的现代物流设施，其主要形式就是物流园。

我国物流地产行业虽然发展迅速，但从整体来看还存在一些问题，例如在低水平的人均仓储面积中，还存在低水平的仓储模式问题。据统计，2018年，拥有信息化管理的现代物流仓储占比仅为25%，其他都是旧式仓库等老旧设施。

与此同时，随着土地成本的不断提升，物流地产的招商、运营也陷入困境，即物流地产的发展进入了瓶颈期。传统的"跑马圈地"模式已经不再适用。

随着新零售和新物流的发展，新物流地产运营模式也应运而生，如金融物流、保税物流等，众多参与者力求通过模式创新在这片复杂的红海中脱颖而出。

1. "一超多强"的市场格局

经过多年布局，物流地产行业已经形成"一超多强"的市场格局，其中，普洛斯独占鳌头，其市场占有率接近 70%，运营仓储面积高达 1 750 万平方米；而其他物流地产企业的运营仓储面积仅为 250 万～400 万平方米。

在看似稳固的市场环境下存在大批活跃的竞争者，其构成也并不局限于传统物流企业。具体来看，物流地产企业主要可以分为以下 4 类，每类参与者又各有优势。

（1）外资企业

外资企业通常在国外具有较为领先的仓储设施技术和管理水平，且有充足的资金。在进入我国市场之后，外资企业依靠既有模式和经验进行快速复制。事实上，在很长一段时间内，外资企业在我国物流地产行业都发挥着领路人的作用。

（2）传统房企

传统房企具有较强的拿地能力，且土地储备丰富，可借助房地产业务提供的资金加持。因此，传统房企能够快速利用工业用地储备建设物流园，并拥有极强的收购能力。

（3）电商企业

经过多年的发展，电商企业已经拥有齐全的上下游链条，对新物流的发展理解得更加透彻，且拥有相对稳定的仓储需求。因此，在现代化物流地产建设中，电商企业具有突出优势。

（4）物流地产企业

物流地产企业专注于行业的发展，往往在物流地产的某一领域具有较强的创新能力，是行业创新者，如环普的产业物流园、际链的际享仓等。

2. 物流园运营策略

物流园是物流地产的重要形式。根据服务对象的不同，物流园主要分为 5 类，即货运服务型、生产服务型、商贸服务型、口岸服务型和综合服务型。

当下，影响物流园发展的最主要因素是资源整合能力。

物流园的占地面积通常极大，但实际运营面积却很小，大量土地资源处于闲置状态或被挪作他用。与此同时，在园区内部，竞争往往也大于合作，难以形成有效的互联互通。

在物流地产的革新发展过程中，物流园要想充分发挥其中心作用，就要采用更加有效的运营策略，释放物流园的网络优势、集成优势和服务优势，整合物流园资源，引导物流产业的提升。

对此，物流园的运营策略主要可以从以下3个方面着手。

（1）信息化交易平台

在物流园的发展中，企业要避免单兵作战，切忌同质化竞争。物流园绝不只是一个较为集中的场地，而是一个在合作共赢中发挥规模效应的平台。

要用好这一平台，就离不开信息化交易平台的建设。只有在物流园内建设相对公平的信息交流平台，并对相关交易信息进行妥善管理，才能避免物流园的内部竞争。

（2）合理化资源配置

物流园的建设需要巨额资金的投入，不仅是仓库，还有各种物流装备。如果物流园内的物流装备或仓储资源能够共享，那么资源配置将会更加合理。

对此，管理方可以建立公共租赁交易平台，园内企业如果有任何设施、设备处于闲置，都可以出租给有需要的企业，从而提高资源利用率，并充分发挥资源价值。

（3）客户反馈机制

如今的物流核心就在于客户服务，任何模式的成败最终都可以归结于客户体验和评价。物流园区的建设同样不能闭门造车，只有基于完善的客户反馈机制，才能不断发现并改正物流园存在的问题，促进物流服务水平持续改善。

3.3.2　仓储信息化与智能化

在新零售和新物流理念下，仓储不再是简单的"储存保管东西的场所"，而逐渐成为"商品配送服务中心"。供应链对仓储管理的要求正在从静态管理走向动态管理。

简单而言，动态管理的仓储并非一个"水库"，而是一条"河流"，负责将上游的商流转至对应的下游，因此，其职能除了储存保管外，还包括商品的分类、检验、入库、包装、分拣、出库等。

面对日趋复杂的仓储需求，仓储管理也必须走向信息化与智能化，依靠信息技术和智能技术，实现自动化作业，不断提高仓储效率、降低仓储成本。

目前，我国仓储正处于由机械化向信息化、智能化不断升级的阶段。升级的原因不仅在于电商、物流行业对智能化仓储的需求，还在于劳动力成本、土地成本的不断上涨。

其实，早在 2017 年 8 月，《关于进一步推进物流降本增效促进实体经济发展的意见》中就提到，开展仓储智能化试点示范，结合国家智能化仓储物流基地示范工作，推广应用先进信息技术及装备，加快智能化发展步伐，提升仓储、运输、分拣、包装等的作业效率和仓储管理水平，降低仓储管理成本。

所谓仓储智能化，其实是多套智能化设备和系统的集成，包括自动化立体仓库、立体货架、高速分拣系统、出入库输送系统、物流机器人系统、信息识别系统、自动控制系统、计算机控制系统以及其他辅助设备。

2018 年 "双十一" 期间，菜鸟网络、京东物流、苏宁物流纷纷向市场展现了自己的智能化仓储成果，无人仓、物流机器人为这些企业赚足了眼球。

在这些令人眼花缭乱的物流机器人背后，是一整套智能化技术的支撑，如互联网、物联网、云计算、大数据、人工智能、RFID 等。

借助 RFID 的条码组合，企业不仅能够实现物料信息的采集、跟踪

和反馈，也能对物料进行批次管理，进而改善库存控制。

时至今日，RFID 已经成为很多仓储信息化与智能化的基础和手段，贯穿物流仓储的各个业务流程。

各种信息技术与智能技术的协同运转使仓储信息化与智能化成为可能。与传统仓储相比，新零售下的物流仓储呈现出五大变化。

1. 高度智能化

智能化是新零售下的智慧仓储最显著的特征之一。智慧仓储绝不只是自动化，更不局限于存储、输送、分拣等作业环节，而是仓储全流程的智能化，其中大量应用了机器人、RFID（射频识别，Radio Frequency IDentification）、MES（制造执行系统，即 Manufacturing Execution System）、WMS（仓库管理系统，即 Warehouse Management System）等智能化设备与软件，以及物联网、人工智能、云计算等技术。

2. 完全数字化

新零售的一个突出特征就是海量的个性化需求，要对这些需求进行快速响应，就要实现完全数字化的管理，将仓储与物流、制造、销售等供应链环节相结合，在智能供应链的框架体系下，实现仓储网络全透明的实时控制。

3. 仓储信息化

无论是智能化还是信息化，其基础都是仓储信息化，而这也离不开强大的信息系统的支持。

（1）**互联互通**。想要信息系统有效运转，就要将其与更多设备、系统互联互通，以实现各环节信息的无缝对接，尤其是与 WMS、MES 等的对接，从而确保供应链的流畅运转。

（2）**安全准确**。在网络全透明和实时控制的仓储环节中，想要推动仓储信息化进程，就要依托 CPS（Cyber-Physical Systems，信息物理系统）、大数据等技术，解决数据的安全性和准确性问题。

4. 布局网络化

在仓储信息化与智能化的过程中，任何设备或系统都不再是孤立地运行，而是通过物联网、互联网技术智能地连接在一起，在全方位、全局化的连接下，形成一个覆盖整个仓储环境的网络，并能够与外部网络无缝对接。

基于这样的网络化布局，仓储系统可以与整个供应链进行快速的信息交换，并实现自主决策，从而确保整个系统的高效运转。

5. 仓储柔性化

在"大规模定制"的新零售时代，柔性化构成了制造企业的核心竞争力。只有依靠更强的柔性能力，企业才能应对需求的高度个性化，缩短产品创新周期、加快生产制造节奏。

企业若想将这一竞争力传导至市场终端，就要将仓储环节的柔性能力作为支撑。仓储管理必须根据上下游的个性化需求进行灵活调整，扮演好"商品配送服务中心"的角色。

3.3.3 物流仓储成本控制策略

管理专家彼得·德鲁克曾说："物流是企业的第三方利润源。"

物流作为企业供应链管理的战略领域，如何从传统流通过程中发掘新利润源的蓝海？

如今，面对增长回落、成本高涨、经营环境收紧、国际竞争格局的变化等风险，市场对供应链的响应速度要求越来越高。对此，无论是物流仓储企业还是企业自建物流仓储，都会产生关于物流仓储成本控制的诸多问题，如资金瓶颈、周转率低、市场反应慢、预测不准确等。

物流仓储已经成为供应链中不可忽视的核心环节。

　　然而，物流仓储成本控制的关键并不在于信息化与智能化的盲目应用。相反，物流仓储的信息化与智能化需要相关企业大量投入前期成本，如果这些企业缺乏相应的应用能力，那么这些投入就难以发挥全部效果。

　　因此，在新零售时代，物流仓储不仅要关注信息化与智能化手段的应用，更要掌握物流仓储成本控制策略，借助各类管理手段实现降本增效。

　　在供应链经营中取得成功的企业几乎都将物流仓储作为关键环节进行管理。例如，上海通用的"2小时的旁库存"就将供应链物流做到了极致。

　　除了一套完整的供应链物流机制之外，上海通用也在不断优化供应链物流的细节，力争将反应优势和成本优势继续扩大。

　　在很多企业中，用量很少的零部件通常由多家供应商分别供应。这就导致货车载力的浪费，耗费大量的物流成本。对此，有些企业会采取集中采购的方式，而这又会导致库存压力的增加。

　　对于这样的问题，上海通用采取了"牛奶圈"的技巧。在采购用量很少的零部件时，上海通用会如送牛奶一般，安排一辆空车，按照既定路线经过各家供应商，装上相应的采购物料，再集中送回。这样的物流模式既提高了采购效率，也避免了物流成本的浪费。

　　借助这样的模式，上海通用的零部件物流成本下降了30%以上。而这些资源又被投入到企业的核心业务当中，带动了供应链核心竞争力的提升。

　　精益物流是物流仓储成本控制策略的核心理念。推行精益物流的目标是为了在准确的时间内，把准确数量、准确包装的合格零件配送到准确的地点，保障生产高效运行，并消除物流环节的浪费。图 3.3-1 所示为精益物流消除了八大浪费。

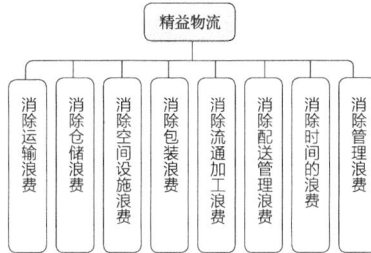

图 3.3-1　精益物流消除八大浪费

相比传统物流，精益物流的基本任务就在于确保各类物料适时、适量、适价地供应；确保物料齐备成套、经济合理，并在此基础上，通过对供应链物流活动的科学组织与管理，借助现代物流技术，实现物料合理流动、加速资金周转，在降低物流成本、消除物流浪费的同时，增强企业的核心竞争力。

那么，如何借助精益物流实现物流仓储成本管控呢？主要可以通过以下 6 种管理手段。

1. 合作方管理

日常运营过程中应与合作方建立开放的交流方式，跟踪并目视化流程处理过程中合作方的问题，保证当订单改变或出现问题时能及时反馈并对订单渠道进行管理，以促使合作方以最低成本运转。

2. 精益包装

精益包装就是通过对物料包装和器具的标准化、系列化、柔性化设计，保证物流的安全、质量、成本及效率，满足精益物流的要求。

3. 外部运输控制

外部运输控制应预先做好路线规划，确定装货 / 卸货时间，并在确保设备高利用率（目标值 85%）的前提下均衡运输；按每小时、每天、每周来制订运输计划以均衡工作量和设备，同时尽可能追求最小化库存和最小化货物装卸搬运。

4. 预期接收

预期接收就是运输物料的车辆在指定时间内到达 / 离开预定的物料接收窗口，目的是在准确的时间内把准确数量、质量的物料送到指定地点，保障入库管理的高效运行。

5. 临时存储

临时存储的方法是对物流存储管理的基本要求，有利于改进人机工程及安全工作环境，减少堵塞，提高效率，保证 FIFO（First Input First Output，先进先出）。

6. 均衡管理

通过均衡管理，物流仓储本身与合作方均可通过均衡班组成员的工作量来提高物流质量，减少作业伤害、降低作业疲劳，提高装置、设备及劳动力的利用率，促进成本节约，满足客户需求。

作为物流仓储成本控制的关键环节，精益物流管理的内容十分丰富。企业要想实现供应链与物流仓储中的精益管理，不仅要掌握上述 6 种管理手段，更要不断钻研、改善，以消除各环节的所有浪费为最终目标。

3.3.4 传统仓储与云仓

近年来，虽然传统电商的增长速度已经放缓，但在生鲜电商、农村电商、跨境电商的发展下，传统仓储仍然难以消化持续上涨的订单需求。面对这样的市场现状，传统仓储亟待升级，而云仓则是备受认可的升级方向之一。

在新零售的推动和云计算的支撑下，云仓能够充分挖掘大数据的价值，将零散分布的仓储资源整合起来，通过集中运营让物流仓储更加专业、简单和高效，从而降低成本、提高效率。

事实上，云仓可以理解为云物流模式在仓储领域的延伸。但在目前的物流仓储行业，很多企业自称为"云仓"，其实只是将其作为一种"噱头"。

在这种宣传下，云仓被片面地理解为"拥有很多仓库"。然而，这些仓库仍然处于独立运营中，没有强的关联关系，甚至各自为不同的货主服务，本质上仍然是传统仓储。

1. 传统仓储与云仓的区别

多仓其实只是云仓的一个表象特征，但云仓却不仅仅是多仓。它与传统仓储的区别体现在 3 个方面。

（1）仓储品类

传统仓储储存的货物品类相对单一，如大件仓储、小件仓储或冷库。在传统模式下，在接到订单时，企业需要先到各个仓库分别取货，再集中到一起进行配送。这就耗费了大量的时间和运力成本。

而云仓则能覆盖更多的货物品类。所有的货物品类被集中存储在同一仓库的不同库位。一旦仓库接到订单，就可以进行自动拣选、打包、配送，使仓储效率大大提升。

（2）管理方式

管理方式是传统仓储与云仓的主要区别点。

传统仓储主要关注仓储安全和库存数量。相对而言，在保障仓储安全和库存数量的同时，云仓更重视仓内作业时效，并对其进行精益管理，从而提高仓储效率、优化客户体验。

以京东云仓为例，企业会根据当地的销售预测情况，提前将各类货物存入仓库。在客户提交订单之后，系统会自动安排距离客户最近的云仓发货，从拣货到待出库只需短短十分钟。而货物流转的每一步都会显示给客户。这样高效、透明的物流配送服务也能够给予客户绝佳的消费体验。

（3）装备技术

精益管理是云仓有序运转的核心要素。在精益管理的基础上，云仓之所以能够大幅提升仓储效率，是由于自动化装备、智能化技术的应用。

与传统仓储相比，云仓发货呈现出多批次、小批量的典型特征。这也是为了满足新零售时代消费者随时、随地消费的需求。而在这样高频次的仓储作业中，为了保障整体的正确率和效率，云仓必须应用大量自动化设备、智能化技术，如拣货机器人、WMS、RFID等。

2. 云仓的发展现状

云仓是新零售下的物流仓储新模式，其对管理能力和技术能力的高要求也构成了更高的行业门槛。而在电商、物流等行业巨头的主导下，云仓也呈现出不同的发展模式。

（1）电商类云仓，如京东、亚马逊

电商类云仓以电商自建物流为基础。基于对自建物流、仓储的强大控制力，电商类云仓能够有效实现多区域的协同仓储，确保整体效率的最优化。

与此同时，背靠电商平台的平台类云仓也拥有更强的数据采集和分析能力。在将之移植到云仓管理的同时，电商类云仓也能够更好地进行消费预测，从而对仓储需求进行快速反应。

（2）物流类云仓

物流企业的核心竞争力仍然在于配送服务，之所以大力发展云仓，其重点在于仓配一体化的实现，如顺丰速运就构建了"信息网＋干线网＋零担网＋宅配网"的云仓网络。

物流企业要想跨界做好云仓，就要将两个层面做好：与建仓相关的软硬件技术；全网协同的云仓布局。

（3）第三方云仓

电商类云仓和物流类云仓都在竭力解决仓储效率的问题，但在每年的"双十一"期间，"爆仓"仍然是常见现象，很多仓储企业难以及时处理货物，而快递企业的货物也会滞后发出。

在这种情况下，第三方云仓应运而生。第三方云仓主要通过搭建云仓平台，为仓库提供自动化、信息化和可视化服务，将零散分布的仓储资源进行有效整合，并与快递公司合作，实现仓储与配送的无缝对接。

以物联云仓为例，其主要服务方式就是"互联网仓储服务平台＋云端应用＋线下服务"，为传统仓储转型提供技术支撑，并将优质仓储资源进行整合。在此基础上，物联云仓又逐步推出仓库租赁、仓配服务、金融服务、技术服务和设备商城，以满足平台成员的多样化需求，为其提供一站式服务。

3. 云仓的发展趋势

在降本增效的目的下，云仓模式呈现出多样化的特征。如今，云仓模式的发展趋势日渐鲜明。

（1）规模化行业整合

正如前文所述，多仓只是云仓的表象特征，其核心在于强大的管理和技术能力。借助云计算、物联网、大数据等技术，云仓能够对传统仓储进行科技赋能。

因此，任何云仓从业者都需要具备强大的技术实力。这也意味着缺乏技术能力的云仓企业终将被行业强者吞并或被市场淘汰。只有这样，云仓行业才能最终走向规模化整合。

（2）多级云仓分布

随着农村电商的不断发展，农村物流也在寻求解决相关痛点的创新模式。而云仓则能够将优质客户体验逐级下沉，在"核心城市－地级城市－三四线城市－县乡"的多级云仓分布中为所有客户提供全面、高效的一站式云仓服务。

（3）数据共享

数据是云仓管理和技术的基础。随着云仓模式的逐渐拓展，所有物流仓储相关方的数据都将共享至云端，合作企业则可以按需调用数据，调整配送和销售策略。

在当下，要想让所有企业进行数据共享，不仅存在主观意愿问题，也存在客观安全问题。但随着云物流、云仓等云模式的拓展以及相关技术的完善，数据共享必将走进现实。

3.4 智能物流实施的三大阶段

智能物流在实施过程中，要把握好 3 个关键阶段，分别为标准化、信息化、智能化。

3.4.1 标准化

在谈及智能物流时，业界提到最多的就是信息的互联互通。但在实现信息互联互通之前，首先要解决标准化的问题。

2018 年 10 月 14 日，第 49 届世界标准日的主题被定为"国际标准和第四次工业革命"。经过半个世纪的发展，标准已从传统意义上的产品质量评判依据上升为新一代工业革命的基础性、先导性和战略性工作。

事实上，我国物流成本居高不下的一个重要原因就是标准化水平低。据统计，仅标准化托盘的循环应用就能将物流成本占 GDP 的比例降低 2%。

标准化是现代物流和智能物流的基础。

1. 由下而上的标准化

物流是一个操作性很强的行业，任何标准的制定都应当参照实际经营情况。因此，智能物流的标准化必然要以企业或联盟企业之间的标准为基础，逐渐形成统一的行业标准，进而确立为国家标准。

在这个过程中，任何标准的落实都对智能物流的发展具有重大意义。

作为多个国家标准的起草单位，传化智联大力打造了智能物流供应链服务平台，以持续推动智能物流的标准化，具体包括物流园标准化、物流供应链运营标准化、物联网技术标准化等。

以物流园规划和运营标准化为例，传化智联打造的全方位智慧园区通过标准化、可视化的管理手段，有效提升了物流园的运营效率、减少了拥堵情况，其具体措施包括传化立体联防、智能引导、园区巡检、路牌展示等各项内容。

而在物联网技术标准化方面，传化智联则推出了共享托盘标准化：在标准托盘的基础上，加装 RFID、通信模组、GPS 模组等装置，以实现共享托盘的唯一标识、实时定位、撞击报警等功能。

2. 聚焦品质的标准化

智能物流企业的发展涉及运营标准、信息化标准、财务标准、流程标准等多种标准。

如此多的标准也为智能物流的统一标准化带来了更大挑战。如何在不损害智能物流创新活力的前提下实现智能物流的标准化？

在很多智能物流从业者看来，标准化就好像一个"框"，会限定智能物流的创新发展，企业也要投入大量的成本去实现标准化。因此，许多企业对标准化表示抗拒。

然而，如果没有标准化这个"框"，不仅智能物流难以发展，其服务质量也难以得到保证，甚至可能在野蛮增长中造成严重损失。

物流企业的核心竞争力就在于物流服务，而标准化则是品质管理的基础。

（1）标准化是保证物流质量的前提

正如 ISO9000 标准对"质量"的定义——一组固有特性满足需求的程度。其中的"固有特性"正是指产品的感观、理化等指标。这些指标共同构成规范性的、共同遵守的文件，而这就是品质管理的基础标准。

在智能物流的发展中，从业者也应当明确：只有满足相关标准，才是合格的物流服务。

（2）标准化是品质管理的基础

全面质量管理理念的发展以及在物流行业中的普及，催生出许多先进的品质管理措施。任何品质管理都少不了标准化。如休哈特发明的控制图至今仍被许多企业采用，而控制图最重要的就在于 3 条判断异常情况的标准线。

标准化是品质管理的基础，不仅在于品质管理方法的标准化，也在于品质管理过程的标准化。

（3）标准化是提高品质管理效益的工具

标准化的最大特点就在于简化、统一、协调和优化。作为企业运营的日常活动，品质管理如果能被标准化，明确人物、时间和流程等要素，则能够使各环节有效衔接起来，在提高品质管理效率的同时降低品质管理成本。

与此同时，聚焦品质的标准化也能引领行业持续改善，而品质低下的物流服务企业则会被强行淘汰，以免损害客户利益和行业形象。

3.4.2 信息化

目前，我国物流从业者成千上万。任何一家大中型物流企业，其人员规模都有近千人，在全国各地都有网点布局，每年处理订单量达到百万。要做好这些人员、网点和订单的管理，信息化就是必要手段。

在智能物流的实施中，信息化也是智能化的基础。如果企业信息化程度不足，智能化就无从谈起。

物流行业的信息化已经经历了多年发展。

5 年前，物流信息化的基础仍是 C/S（Client/Server，客户机 / 服务器）架构，通过安装数据包的方式，实现本地化服务的优化。

如今，B/S（Browser/Server，浏览器 / 服务器）架构已经成为物流信息化的共同选择，而其最大的特征就是云服务，通过大数据和云计算，实现企业之间的合作与共享，增强互联互通的便捷性。

随着信息技术的不断革新，智能物流的信息化也将呈现不同的特征。

在实施信息化的过程中，企业必须理解信息化的本质：信息化是经济、社会等各方面被信息技术改造的过程，其目的是为了实现信息共享，让人与资源的价值得到充分发挥。

由此可见，在物流行业，信息化就是借助信息技术，改造物流过程、物流企业乃至物流产业，通过物流信息共享，实现物流资源的优化配置和物流产业的高效运营。

1. 确定服务对象

很多从业者将信息化理解为信息技术的改进和应用，这是一个误区。实际上，信息化的核心并不在于物流信息系统，而在于其能否为服务对象带来价值。

具体而言，物流信息系统的服务对象主要包括货主、物流从业人员、物流企业乃至宏观经济。根据服务对象的不同，物流信息系统的内容也有所区别，如图 3.4-1 所示。

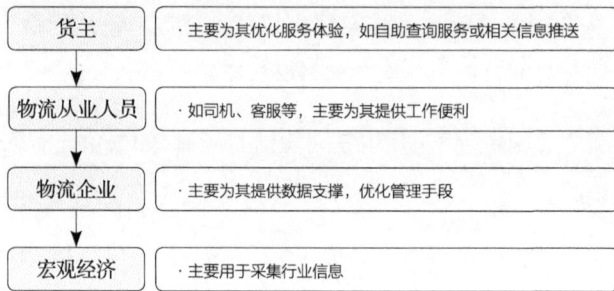

图 3.4-1　物流信息系统的服务对象与内容

　　智能物流的信息化就是物流信息系统的搭建，而要搭建怎样的物流信息系统，则应当由服务对象决定，以便实现信息逻辑和业务逻辑的统一。

2. 信息互联互通

　　物流信息化的推进基础就在于信息的互联互通。只有依托于信息的采集和应用，智能物流才能有效指导物流活动，提升效率，并最终实现降本增效的目标。

　　企业在推进物流信息化时，要尽可能地应用信息采集、传输和处理手段，以获取物流基础信息。

　　物流活动效率的提升主要涉及两个方面。

　　（1）完成订单。物流活动的效率首先体现在订单的完成效率上，即在规定的时间内完成订单货物的仓、运、配送服务。

　　（2）流程优化。物流活动本身同样需要成本，信息化也要应用到流程优化当中，以打通物流单据、节点和人员等环节。

3.4.3　智能化

　　标准化与信息化是智能物流的根本基础。基于全局统一的标准和互联互通的信息，以自动化、无人化为特色的智能化物流才有可能实现。

百世云仓依靠仓储机器人的智能化手段将传统仓储的"人找货"变为"货找人""货架找人"。

百世仓储机器人在接收到订单信息之后，就会在智能系统的安排下，选取最优路线驶向存放货品的货架，并将其搬运至员工配货区。

配货员只需等待货架被搬至面前，即可从平板电脑提示的货位上取下所需商品，并将之送上传送带，无需走动一步。

事实上，随着智能技术的不断发展和应用，无人化的程度也在不断提升。如京东无人仓的智能物流甚至可以实现"仓运配"全流程无人化。

当然，无人化只是智能化的一个表现。在智能技术的创新应用中，智能物流将为我们带来更多的可能。

1. 智能化思维

要切实落实智能化，企业就要把握智能化的实施关键——"一化、三融合"。

（1）一化

"一化"指实现人机一体化。以数字化和云平台为依托，智能物流系统未来更强调智能，通过机器辅助人、人辅助机器，最终实现人机合一。系统本身具有更复杂的系统思维，不仅无人值守，更可提前预警，发现并自动解决问题。人作为终极管理者，更多地参与机器赋能和战略实施。

（2）三融合

①实现与企业智能制造平台的更好融合。在现阶段，智能物流还只是一个区域性和部分过程的智能体系。未来，在企业完成智能制造体系和平台搭建后，智能物流要实现与市场、研发、设计、技术、采购、生产、工艺、质量、运营和售后服务过程的融合与对接，帮助企业打通横向、纵向集成，搭建从生产流程自动化到智能化转变的桥梁，实现数字化、信息化、网络化、绿色、高效、柔性的生产模式的智能工厂。

②借助新一代信息技术，实现与虚拟技术融合。企业和用户随时可以在虚拟工厂查看订单执行情况，包括物流配送、产品品质、过程质量以及存在的问题；可以根据自己的需要定制相关配件和产品，智能物流系统可以满足用户的特殊需求，并保证按期高品质交付。

③实现企业现代管理融合。智能物流的终极目标是建立"一体三翼"的智能制造管理矩阵，在工业数字化智能平台上构建智能管理、智能运营、智能产品三大机翼，提高生产效率，降低运营成本，创造核心竞争力。

2. 智能化方案

在设计智能化系统方案时，我们可以从以下 10 个方面出发。

（1）精益物流 MES

精益物流 MES 致力于根据企业实际情况，利用最先进的管理理念，帮助企业实现自动化。该系统在计划分解与安排、执行与反馈、业务、流程分析、实时掌控、异常控制、电子看板展示、信息传递上均有体现，其对生产排产与进度、现场设备、物料库存与跟踪、工艺与质量控制、数据采集分析功能都会实时把控。

（2）精益制造

精益制造系统采用新的控制理念，以操作者关键工艺动作为控制抓手，控制产品的制造过程，同时实现对制造过程中用料、资源等生产所需的控制，并设定动作、物料、资源三者时间的相互关系以达到相互校验的目的，确保工艺设计的准确性。该系统可实现人机交互、智能判断和识别、智能防错、检测、数据可追溯、异常管理、生产任务下达，执行过程控制、变更管理、异常反馈等功能，同时系统集成连接底层关键设备，实现关键数据的写入及读取功能。

（3）微库、SLP 智能物流流水线、AGV 小车

微库是以自动立体货柜为主，结合自主研发的软件控制系统，对物料入库、储存、分拣全程实现系统控制的智能化，实现"物料找人、系统给人下指令"，避免人为拣选产生错误，适用于多品种标准件仓储及选配。SLP（服务定位协议，即 Service Location Protocol）智能物流流水线应用 ERP、精益物流

MES，建立智能物流平台，全过程数据采集分析、智能监测，设备可自动识别数据，通过自主研发解决多任务与多执行的综合调度问题。同时，该系统与 AGV 的任务下达、信息反馈互联，完成自动化物流流水线配送。

（4）智能料箱

智能料箱的规格是根据仓储物料种类量身定制的，力求使用最小的空间存放最多的物料，适用于作业现场的物料备用仓储、检修场地的偶换件储备。

（5）智能工具箱

采用 RFID 射频技术，将每个工具都嵌入电子标签。系统记录使用时间、使用人、使用频次、工具是否齐套、检验周期等信息，并可与 MES 系统对接，适用性强。

（6）智能仓储管理

根据工位制的要求，在仓储库区推行物流按工位仓储的模式。物料入库之后，货架按照生产工位切分位置建立模拟工位，将每个项目的物料存储按照车间对应的用料工位摆放，以提高拣选效率，减少差错。同时，物料上架和拣选都由同一人负责，职责明确。

（7）循环取料平台

采用 MILKRUN（循环取货，也称"牛奶取货"，是物流常用的一种配送模式）方式循环到供应商取货和空箱配送，有效地利用了运输资源，实现了共同配送，运输车辆得到了高效使用。循环取货采取高频次方式，大大减少了低装载率的应急物流车辆，降低了成本。

（8）智能车库

运用互联网、智能传感器、信息传输系统、AGV、自动充电设备，结合车库的实际情况，用最小空间、最低成本实现车辆存取无人化管理及现代新型能源车辆自动充电的停车解决方案。

（9）工业网络安全

实现信息网与控制网隔离；关键系统与非关键系统隔离；不同供应商的控制系统相互隔离；被病毒感染概率更高的工程师站和 OPC Server（是利用微软的技术达到工业自动化资料取得的架构）单独隔离，确保安全可靠。

（10）供应链协同平台

通过信息化、网络化、协同化等手段打造一套高效的供应链信息管理平台，客户的所有需求信息、供方的所有动作信息都在平台上统一体现。

第 4 章

融合共生：
智慧供应链中的物流管理实践

　　智慧供应链管理涉及多层面，如物流成本控制、物流供应商的选择与管理、智能物流系统等。只有这些要素和谐统一，才能真正促进新物流的快速发展。

4.1 供应链竞争与物流成本控制

供应链竞争说到底是成本的竞争，能控制物流成本，供应链成本自然能随之降低。

4.1.1 供应链竞争分析

在市场竞争中，每个企业都有自己的竞争战略；战略将企业资源汇总并凝聚成系统力量；企业全力以赴参与竞争，以获得优势地位。一旦企业确定了竞争战略，任何经营活动都应当为实现战略而服务。供应链同样如此。

1. 企业竞争战略类型

企业的战略是什么？简单来说就是生存、盈利、发展。还有一种说法是战略即取舍，即舍弃无关的专注，以盈利为导向，但盈利的前提是企业必须有价值竞争优势。

换言之，企业战略的第一要务就是盈利。但企业凭什么盈利？竞争优势是什么？

在全球范围内，各类企业构建竞争优势的方式不外乎4种，如表4.1-1所示。

表 4.1-1 企业构建竞争优势的方式

竞争优势	代表性企业
技术创新	苹果手机
客户体验	IMAX 电影、奔驰汽车

续表

竞争优势	代表性企业
产品质量	丰田汽车
成本领先	小米手机

从我国企业的现状来看，由于工业化进程相对较晚，工业基础相对薄弱，大多数企业属于低成本竞争型企业。从产业转型与工业化进程维度看，这也符合我国企业还处于成本敏感型阶段的特点。

随着互联网与新技术的应用，很多企业出现差异化的战略竞争势头，这就要求我们认真思考：企业当前与未来的战略是什么？

制定好了竞争战略，接下来就要思考战略协同与传承。只有这样，企业才能集中所有资源与力量使绩效最大化。企业战略导出供应链战略，供应链战略决定制造与服务战略，其结构如图 4.1-1 所示。

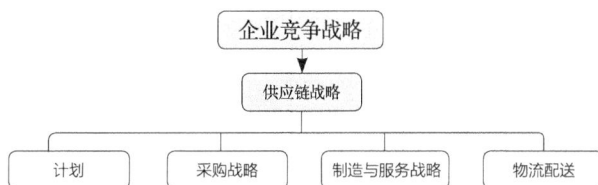

图 4.1-1　企业竞争战略逻辑

2. 基于企业竞争战略的四大供应链分解

战略确定之后，需要供应链运营方式（也可称之为商业模式）来支持，从而有效梳理制造 / 服务模式、订单处理模式与采购模式。

四大供应链的具体分解，在本书前面章节的"OTEP 模型下供应链模式的选择"中已经详细介绍，在此不再赘述。

不同的企业竞争战略须有不同的物流战略来支撑。所以说，战略就是取舍，"有所为，有所不为"。

3. 基于企业竞争战略的供应链多样化管理

回顾之前的供应链模式分析，我们可能会有一个疑问：

一个企业是否只要一个供应链？

答案是否定的。

供应链的确定来自企业的竞争战略与品类战略（"数量－品质"管理关系总和）。就如沃尔玛，其针对海鲜类产品的供应链与家纺类产品供应链采用的物流模式是有区别的。

企业一定要依据自己的品类做充分的分析，结合公司的竞争战略，设计差异化的供应链、计划、采购、物流策略等方案。不分青红皂白、眉毛胡子一把抓不仅没有效率，更会损害企业的战略绩效资源。

值得注意的是，随着企业竞争的变化，智能时代多品少量的特点导致市场整体对供应链提出柔性与敏捷性的要求，促使企业努力进行多样化的供应链战略与物流模式变革。

4.1.2 物流成本的构成

物流成本是一个很宽泛的概念。它可以是社会物流成本，也可以是企业物流成本。我们在本书中谈及的物流主要是指企业的物流成本。

一般来说，物流成本是指物流活动中所消耗的物化劳动和活劳动的货币表现。具体而言，它是企业产品在实物运动过程如包装、搬运装卸、运输、储存、流通加工等各个活动中所支出的人力、物力和财力的总和。在互联网化的今天，物流成本中还应当包含信息数据、软件使用等产生的成本。

企业物流成本由于所考虑的费用范围不统一，会产生各种广义、狭义的物流成本概念。最狭义的物流成本是仅把生产厂家向外部支付的物流费用算作物流成本。除此之外，若再加上企业内产生的物流费用，则是一般生产企业的狭义物流成本。

在此基础上将材料的物流费用囊括进来，就形成了生产企业的广义物流成本。再拓展开来，除这些生产企业的物流费用外，再将销售企业的物流费用也涵盖进来，才是广义的物流成本，如图 4.1-2 所示。

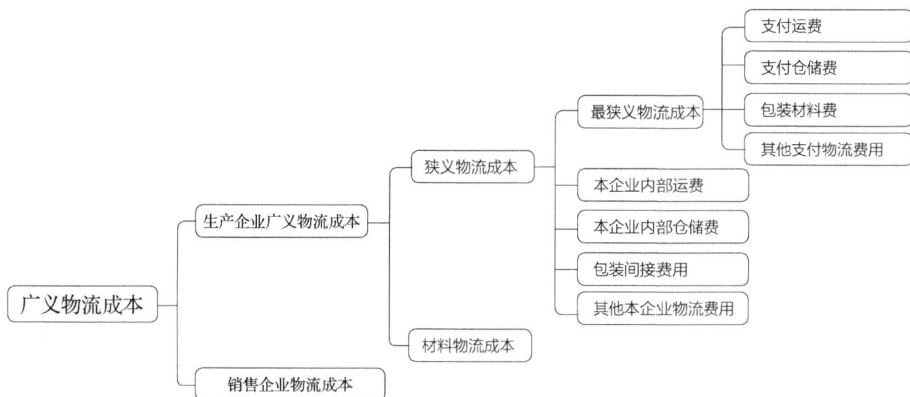

图 4.1-2　广义物流成本构成

具体而言，构成企业物流成本的成分非常复杂，需要从不同的维度区分。只有分清楚物流成本的构成，才能找到控制和降低物流成本的措施。

一般来说，按物流所处领域的不同可以将企业物流分为两种类型：流通型企业物流和生产型企业物流，相应的物流成本也可分为流通型企业物流成本和生产型企业物流成本。

1.　流通型企业的物流成本构成

按照权威的说法，流通型企业的物流成本是指在组织物品的购进、运输、保管、销售等一系列活动中所耗费的人力、物力和财力的货币表现，其基本构成及分类如图 4.1-3 所示。

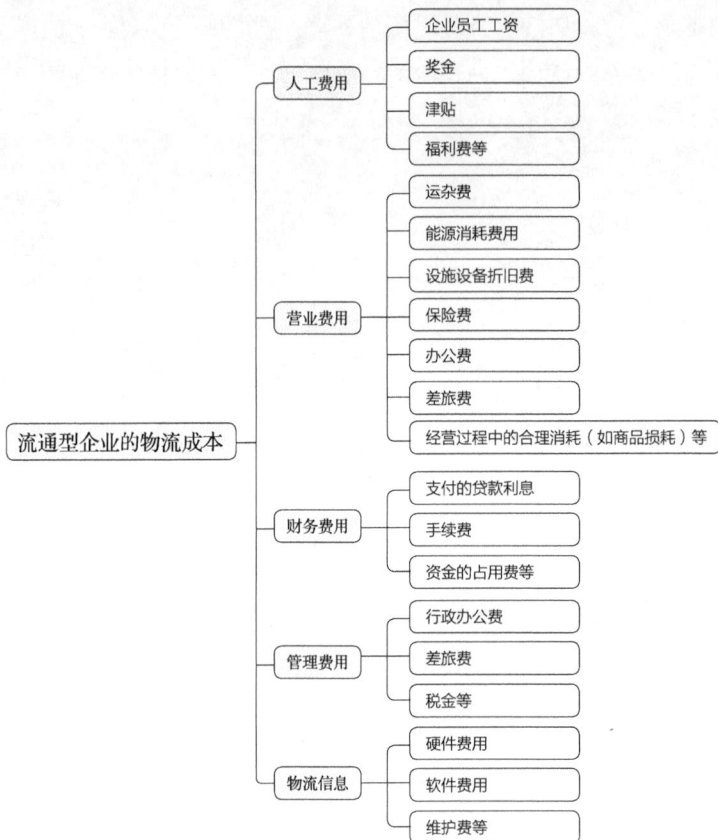

图 4.1-3　流通型企业的物流成本

2. 生产型企业的物流成本构成

生产型企业主要是生产满足市场需求的各种产品。为了进行生产活动，生产型企业必须同时进行相关生产要素的购进和产品的销售。同时，为保证产品质量并为消费者服务，生产型企业还要进行产品的返修和废弃物的回收。

因此，生产型企业的物流成本是指企业在进行供应、生产、销售、回收等过程中所发生的运输、包装、保管、配送、回收方面的成本。与流通相比，生产型企业的物流成本大多体现在所生产的产品成本之中，具有与产品成本的不可分割性。生产型企业的物流成本的基本构成及分类如图 4.1-4 所示。

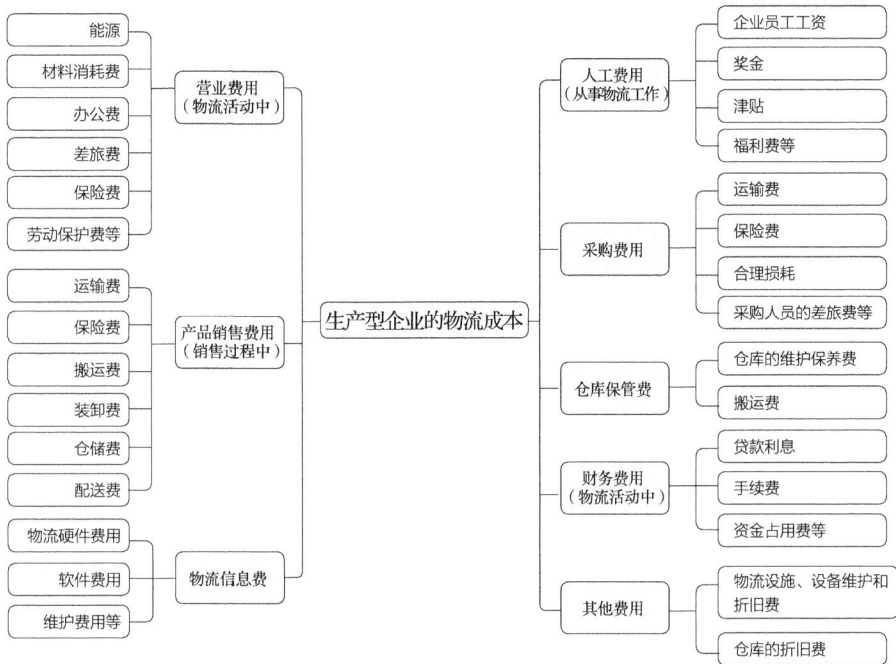

图 4.1-4　生产型企业的物流成本

当然，除了通过以上标准对物流成本进行分解和分析外，我们还有更多的维度对物流的构成进行全面分析。

按照物流过程，物流成本包括运输成本、流通加工成本、配送成本、包装成本、装卸与搬运成本、仓储成本、物流信息技术相关成本等。

按照物流活动范围，物流成本包括供应物流费、企业内物流费、销售物流费、回收物流费、废弃物物流费等。

不同的分类方法有不同的侧重点和价值，企业可以根据自身情况进行选择并改造。这样才能控制物流成本，增强企业自身竞争力。

企业要控制物流成本，除了了解其构成，还要懂得物流成本核算的基本要素。通常来说，企业根据物流的重要环节进行成本核算比较合理。

（1）运输。主要包括人工费用如运输人员工资、福利等；营运费用如营运车辆燃料费、资产折旧费、公路运输管理费等；其他费用如差旅费等。

（2）仓储成本。主要包括建造、购买或租赁等仓库设施设备的费用和各类仓储作业带来的费用。

（3）流通加工。主要有流通加工设备费用、材料费用、劳务费用及其他。

（4）包装。主要包括包装材料费用、包装机械费用、包装技术费用、包装人工费用等。

（5）装卸与搬运。主要包括人工费用、资产折旧费、维修费、能源消耗费以及其他相关费用。

（6）物流管理。包括企业为物流管理所发生的差旅费、会议费、交际费、管理信息系统费以及其他杂费。

4.1.3 物流成本的控制要点

物流成本是企业在物流方面的费用总称，其在企业乃至供应链成本控制中有着举足轻重的作用。据统计，在整个产品成本的构成中，物流成本占比高达20%~30%。

早在 20 世纪 60 年代，美国管理专家杜拉克就曾指出，物流领域是经济增长的"黑暗地带"，也是降低成本的"最后边界"。

在物流成本控制方面成效卓越的企业，一般都能在行业竞争中构筑突出的竞争力优势，尤其是在产品总成本方面，其他企业更是不可企及。

长期以来，物流成本都分散在运输、保管、搬运、包装、信息传递等各个环节。直至今日，在智慧供应链的推进中，供应链企业更加重视建立长期稳定的合作关系，而在这样的合作管理下，企业在物流成本管理中也有更强的掌控力。

然而，面对层出不穷的新模式，企业在设计物流成本的控制策略之前，必须明确物流成本的控制要点。

1. 物流成本的控制框架

物流成本的控制框架主要由 3 部分构成，即纵向控制、横向控制和信息管理系统。

（1）纵向控制，主要指物流的优化管理。面对日益复杂且庞大的物流系统，企业必须借助一定的手段及方法对其进行优化，如数据分析法、作业成本管理法等。

与传统的成本管理方式不同，作业成本导向法是一种基于作业的成本管理方式。运用数理统计方法，通过统计、排列和分析，作业成本导向法能够对作业成本进行更加精准的定量管理。

作业成本导向法的指导思想是作业消耗资源，产品消耗作业。即指以作业为核算对象，通过成本动因来确认和计量作业量，进而以作业量为基础分配间接费用的成本计算方法。图 4.1-5 所示为作业成本导向法示意。

图 4.1-5　作业成本导向法

在作业成本导向法下，成本分配主要基于资源耗用的因果关系：根据作业活动消耗资源的情况将资源耗费分配给作业；再依照产品或服务消耗作业的情况，把作业成本分配给成本对象。

（2）横向控制，主要包括对物流成本的计算分析、信息反馈及决策控制。在横向控制与纵向控制的相互作用下，企业能够对物流成本进行有效预测和决策，从而制订更为正确的行动计划。

（3）信息管理系统，主要用于汇总并处理各类信息，如商品名称、数量等，根据价格、期限、信誉等多种要素进行决策，并自动向合作方下达物流指令，从而极大地提升物流效率。

2. 物流成本的控制要点

在物流成本的控制框架下，企业要进一步对物流成本进行精益管理，就要以更全面的视角去审视物流成本的控制要点及系统管理。一般而言，物流成本的控制要点有 5 个。

（1）准确预测物流需求

物流需求是基于对各类物料的需求情况，企业所必须具备的物流资源和物流能力，其预测流程如图 4.1-6 所示。

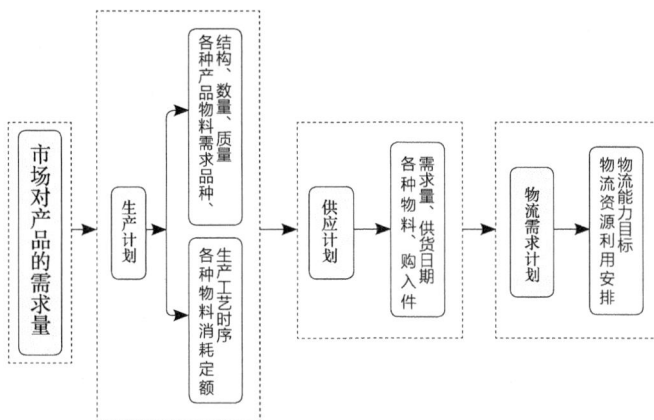

图 4.1-6　物流需求的预测流程

从图 4.1-6 中可以看出，物流需求基于生产需求，而生产需求则基于市场需求。要确保物流需求计划的顺利实施，需要销售、生产、供应等各部门的协同运营。因此，在制订生产计划、供应计划之初，物流部门就要参与其中。

（2）合理控制库存水平

不顺畅的物流管理必然会造成停工待料现象，影响供应链整体环节的正常运营，但过多的库存又会导致库存成本的增加以及资金流动性的损害。因此，物流成本的精细化管理需要与库存管理相结合，精细计算安全库存量及物料订购点和物流时序。

尤其是实施 JIT 生产的企业，其对物料供应时序的要求更加严格。这就要求物流部门在与生产部门的协作中尽量做到即时性。

（3）科学制订物流决策

只有在明确物流需求和库存水平之后，企业才能真正展开物流流程，包括市场调查、制订计划、物流监管及评价等。

因此，企业在与供应商进行谈判时，必须明确物料运输策略和实施进度计划，确定物流批量、时间安排、验收、付款等细节。

（4）优化物流管理策略

精益物流的基本任务就是确保各类物料适时、适量、适价地供应，且确保物料齐备成套、经济合理。这不仅需要妥善的前期计划和决策，也需要根据市场环境做出动态调整。

为此，企业在制订物流管理计划时，也要考虑到可能出现的不确定因素，并制订相应的应对措施，从而完善采购物流。对此，企业也可以利用一些常用的优化工具，如基于运筹学的优化软件等。

（5）健全物流成本管理

企业要实现精益物流，首先要摆脱过去的粗放式管理模式，这也是物流部门的"内部事务"。

物流成本的精益管理并不局限于物流部门，而是涉及企业、供应链运营的各个环节。这就需要企业不断健全物流成本管理，形成完备的管理职能，并建立良好的监管机制。

只有在整个企业乃至供应链协作的"精益事务"中协调运营，精益管理才能落到实地，真正消除浪费。

4.1.4 物流成本的控制策略

随着物流理念和物流管理方式、手段的进步，企业在竞争中对物流的依赖性更强，从产品的研发、原材料的采购、生产流程的控制、营销策略的规划直到售后服务，都需要现代物流系统的支撑。

因此，智慧供应链的启动必须从物流系统的设计、改造开始，以物流的革命来推动企业系统整体效益的提高，并依赖物流系统管理的不断进步带动精益生产的全面实施。

在明确物流成本的控制要点后，企业就可以着手设计物流成本的控制策略。

1. 物流成本的控制原则

物流成本的控制是在保障企业有序运营的前提下，采取不断降低库存、缩短物料流动周期等手段降低物流成本。这一过程必然会暴露出生产中本就存在的问题。对此，企业全体员工要本着精益思想对暴露出的问题加以改进，才能推动整个物流管理体系的改善。

为此，企业必须遵循物流成本控制的 3 个原则，如图 4.1-7 所示。

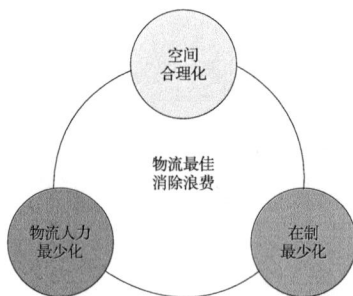

图 4.1-7　物流成本控制的 3 个原则

（1）空间合理化

精益思想另一个关键点"流动"是通过消除流程中的浪费，使物料保持流动，以免在等待中造成浪费。要实现一点，企业就必须关注内部各要素的合理布局，包括各种设备、装置。

只有合理的空间布局，才能有效推动厂内物流的精益化管理，其意义如下。

①高效利用空间、设备及劳动力；

②提高信息、物料、劳动力的流动；

③提高员工的士气；

④改进与顾客 / 客户的接触；

⑤提高灵活性。

（2）物流人力最少化

随着生产技术的不断发展，生产机械化已普遍实现。在信息时代，厂内物流的效率提升离不开更强的承重能力、更多的工作时间和更少的工作损害，而相比于人工操作，自动化、智能化的操作方式则具有明显优势。

尤其是在人工智能高速发展的当下，随着物流机器人、物联网等新技术的应用以及物流运输大型化、托盘化的发展，物流人力最少化也成为物流成本控制的必要原则。

（3）在制最少化

智慧供应链的一个重要内容就是提升物流、货物的流通速度，这就要求物料、货物停留的节点最少，并尽可能缩短物流路径和仓储时间，从而实现物流的快速流通，这就是在制最少化的含义所在。

2.分环节策略设计

在物流成本控制框架下，企业掌握了物流成本的控制要点后仍需明确：物流要广泛参与到供应链运营管理的各个环节，而每个环节的物流成本控制要点也有所区别。

因此，在设计物流成本的控制要点时，企业应针对不同环节如采购物流、生产物流、销售物流等进行区分。

（1）采购物流成本的控制策略

①制定定额。采购物流成本控制的核心在于定额的制定，根据核算好的定额，企业可以计算出最佳进货批量和频率，使有限的现金发挥最大的作用，并提高存货周转效率、减少物流仓储中的浪费。

②选择供货商。合适的供货商可以确保所需物流的稳定供应，而在长期稳固的合作关系下，企业也能享受到各种价格优惠，以实现成本控制。

③明确责任。在与合作方签订合同时，企业一定要明确送货方式、到货时间等诸多要素，并明确相关责任，对违约问题、质量处罚进行规定。

（2）生产物流成本的控制策略

厂内物流是指工厂将所采购的物料入库、保管、出库，乃至将其生产的产品（商品）运到物流中心、厂内或其他工厂的仓库等一系列的产品流动。

①编制科学合理的物料需求计划

这是改进厂内物流管理的关键步骤。大多数企业生产经营的品种较多也相当复杂。这样的企业对物流管理的要求特别高，如要求信息化、数字化；作业计划要求科学、合理和准确；同时，库存要求尽可能低，避免造成浪费等。这就要求生产计划和物料采购计划与产品的市场需求尽可能一致。由此企业必须建立一个有效的管理信息系统，如物料需求计划（Material Requirement Planning，MRP）。

在 MRP 状态下，物流活动紧密衔接，时间上的浪费将被大量消除；物流活动是必不可少的，减掉任何一项由 MRP 规定的物流活动，都将使 MRP 无法运转；物流活动没有多余，因为 MRP 严格规定了原材料和各种在制品的数量，理论上可进行零库存运转。

②标准化

在物流活动中，通过实施物流统一性标准、物流各分系统的技术标准及物流作业规范标准，使物流系统中的各环节有机结合起来，从而实现物流系统的全面贯通。形象地说，物流标准化就像"润滑剂"，减小物料在流通中的阻力，甚至畅通无阻。

③设计合理的作业场所，满足物流顺畅、高效的要求

企业作业场所的合理设置主要是指在分厂与分厂之间、分厂与主厂之间、厂内车间与车间之间、车间与库房之间等平面上和空间中进行的具备科学性与合理性的设置。不合理的作业场所的平面和空间设置将极大地影响到物流效率，主要表现在物流活动不能以最短的路线进行流动，货物的储存、装卸不方便，从而造成物流的忙乱、阻滞、走弯路等浪费物流资源和阻碍企业生产经营活动的现象，由此造成了企业物流成本的损失。

事实上，在企业的总成本中这部分成本占据了相当高的比例，但目前，物流成本未能完全体现在会计报表中，我们在会计报表中所能见到的金额只是物流成本的冰山一角而已。因而，企业应从作业场所的优化设置来保证物流活动的顺畅、高效。

④努力提升仓储区的作业效率

在仓储区，作业效率的低下主要是由于布局的不合理和设施的落后造成的，有条件的大中型企业可以将仓储改造成自动化仓储，实现物料的存放和出料的自动化。

这不但极大地提高了仓储物流的效率，同时也可以减掉大量的岗位，从而节约成本。这样做的效益立竿见影。

与之相对的，由于自动化仓储改造要求相当巨大的投入，一般企业难以承受，因此，提高企业仓储效率的主要手段是在手工作业的前提下挖潜创新。货区和暂存区的通病不难消除，例如及时清场入库、规则摆放、明确标识、保持过道畅通等。重要的是工作人员要有责任心并提高工作技能，加强规范化管理。

⑤推行企业内部 5S 活动

5S 活动是由日本人创立的一种企业管理活动，其内涵是清理、整顿、清洁、维持和素养。5S 活动与物流表面上看似乎是不相关的两类企业活动，实际上关

系密切，是加强企业内部物流管理的基础性工作。

物流成本控制是供应链竞争的关键环节，物流在智慧供应链的设计过程中处于战略高度。

在供应链由传统物流管理方式向现代物流管理方式转变的过程中，首先要确定企业物流管理的价值，即物流的存在理由。然后分析物流工作的价值流，设计出保证物流工作顺畅无阻的工作程序和管理程序，从物流每一阶段的用户需求出发，以最小的代价为用户提供最好的服务。

任何物流管理系统都应该是动态的，工作内容是动态的，管理模式也是动态的。这样才能适应不断变化的市场情况，不断逼近物流总成本最小这一最终目标。

（3）销售物流成本的控制策略

①管理方式。一般而言，销售物流主要有自建物流和第三方物流两种管理方式。企业应当根据实际情况择优使用。

②物流方式。对公路、铁路、水路、航运等多种物流方式，企业应根据送货量、交付期限进行综合权衡，做出合理选择。

4.2　新物流成本控制的八大技巧

新物流成本控制可以从 8 个方面入手。

4.2.1　选择交货地

简单而言，物流就是从发货地到交货地的流通过程。一般而言，发货地是工厂或仓库，而交货地则是合同规定的交付地点。

交货地的选择直接关系到具体的物流安排以及运输方式的选择，且直接影响到物流成本。交货地的选择一般由收货方提出并确定。

在这种局面下，发货方只能尽量与收货方协商，通过减少交货地点、简化交货约束条款等手段对物流成本进行控制。

在新零售时代，交货地的选择多种多样，既可能是传统的城市仓库，也可能是新时代的"店中仓"，或是社区店等代收点。

在新物流的成本控制中，企业必须关注交货地的选择方案。

要妥善解决问题，企业就要结合末端配送模式，对仓库、门店、社区店等收货地进行综合考量，并与收货方进行充分协商，力求实现物流总成本最低，而非只是运输或配送成本的最低化。

4.2.2 选择运输方式

运输方式是货物流通赖以完成的手段与方法，涉及相应的技术装备和管理手段。据统计，运输成本占物流总成本的 40% 左右，是影响物流成本的重要因素。因此，新物流成本的有效控制离不开关于运输方式的合理选择。

在现代交通运输领域，主要有铁路、公路、水路、航空、管道 5 种运输方式。

选择运输方式时，企业要关注的不只是成本，更要考虑时效、批量等多个要素。具体而言，企业选择运输方式要着重考虑以下 5 点要素。

1. 货物品种

货物的品种、性质及形状，是选择运输方式的基础。在考量货物品种时，需要从两个层面着手。

一是适用性。基于货物的特性和形状，有哪些适合的运输方式？

二是成本性。基于货物的利润空间，其对运费的负担能力如何？

通过这两个层面的考虑，可供选择的运输方式已经十分有限。

2. 运输期限

各类运输方式的核心区别就在于运输速度。因此，运输期限也会直接影响运输方式的选择。

在选择运输方式之前，企业首先要充分调查，明确各类运输方式所需的运输时间，以及两端及中转的作业时间，再据此制订出相应的运输计划。

这一调查和计划过程，也是企业确保准时交货的基本要求。

3. 运输成本

运输成本是物流成本的主要构成部分，根据货物品种、容积、批量以及运输距离、运输方式的不同，其运输成本存在显著区别。

因此，企业也要考虑到运输与仓储、配送等物流子系统的相互关系，从而做出综合判断。

4. 运输距离

在不同的运输距离下，各类运输方式的优劣势往往会发生转变。企业应充分考虑运输距离与物流成本的关系，选择更具性价比的运输方式。

根据运输距离选择运输方式时，企业一般应遵循以下原则。

① 200 千米以内，选择汽车运输。

② 201～500 千米，选择铁路运输。

③ 500 千米以上，选择船舶或航空运输。

5. 运输批量

运输批量与运输成本之间一般存在反比关系，因此，为了有效控制物流成本，企业应尽可能地将商品集中运输至消费终端附近。

与此同时，根据运输批量选择运输方式时，企业一般应遵循以下原则。

① 15 吨以下，选择汽车运输。

② 15～100 吨，选择公路或铁路运输。

③ 100 吨以上，选择铁路或船舶运输。

4.2.3 各种运输方式的优缺点分析

铁路、公路、水路、航空、管道是物流运输的主要方式，每种方式都有各自的优缺点。企业要对物流成本进行有效控制，就要明确各种运输方式的优缺点。

1. 铁路运输

铁路运输主要适用于长距离、大批量的货物运输。

（1）优点

铁路运输的优点如下。

①速度较快。随着我国铁路运输的不断提速，在大批量的货物运输中，铁路在运输速度上具有明显优势。

②受限较小。在铁路网络的覆盖建设下，铁路运输很少会受到自然条件的限制。

③成本较低。铁路运输的成本较低，尤其是在较大运输批量下，其运输成本相比公路运输具有明显优势。

（2）缺点

铁路运输的缺点如下。

①灵活性差。铁路运输只能在固定线路上完成，灵活性较差。

②需要衔接。铁路节点一般距离发货地、收货地较远，因此需要其他运输手段配合，以实现衔接。

2. 公路运输

公路运输主要承担近距离、小批量的货物运输。

（1）优点

公路运输的优点如下。

①灵活性强。灵活性是公路运输的最大优点，可因地制宜，尤其是在铁路、水路无法覆盖的区域，公路运输几乎是唯一的选择。

②建设期短。相比于铁路建设，公路建设期短、投资较低，我国公路的覆盖区域也远高于铁路的覆盖区域。

（2）缺点

公路运输的缺点主要在于距离较短。受限于成本、装备等因素，公路运输的运输距离较短。虽然近年来公路运输的距离不断延伸，但仍然难以企及铁路、水路的长途运输优势。

3. 水路运输

水路运输主要适用于更长距离、更大批量的货物运输。

（1）优点

水路运输的优点如下。

①成本低。水路运输是目前成本最低的运输方式。

②运力强。水路运输是目前运力最强的运输方式。

③远距离。由河流、海洋相连接的水路运输，在远距离运输中具有突出优势。

（2）缺点

水路运输的缺点如下。

①速度慢。水路运输的速度较慢。

②受限大。水路运输受港口、水位、气候、季节等多种因素的影响，尤其是在海洋运输中，每年甚至有漫长的时间出现运输中断的情况。

4. 航空运输

航空运输主要适用于价值高、运费负担能力强或紧急的货物运输。

（1）优点

航空运输的优点如下。

①速度快。航空运输是目前速度最快的运输方式。

②受限小。航空运输不受地形条件的限制，因而可以覆盖铁路、公路、水路无法覆盖的区域。

（2）缺点

航空运输的缺点如下。

①成本高。航空运输是成本最高的运输方式，且费用远高于其他运输方式，因此，其适用的货物品类十分有限，多运输贵重零部件、高档产品或抢险救灾物资等。

②只能场到场。只能以机场为接入点开展运输。

5. 管道运输

管道运输主要适用于气体、液体、粉状固体的货物运输。

（1）优点

管道运输的优点如下。

①安全性高。通过密封设备的运输，可以避免运输过程中货物丢失、损坏。

②持续性强。管道运输尤其适用于大批量货物的持续运输。

（2）缺点

管道运输的缺点如下。

①灵活性差。管道运输是通过铺设管道设施，让货物顺着压力方向循序移动，灵活性较差。

②货物单一。管道运输的特殊方式，使其只适用于气体、液体、粉状固体等特殊货物的运输。

4.2.4　各种运输方式的费用如何计算

不同的运输方式对应不同的运输成本。具体来看，各种运输方式的费用计算方式也各有不同。

在对新物流进行成本控制时，企业必须对各运输方式的费用计算方法了然于胸，这样才能通过精准计算做出最佳选择。

由于管道运输的单一性，这里主要介绍铁路、公路、水路和航空运输的计费方式。

1. 铁路运输费用

铁路运输费用的计算主要涉及运输基价、运价里程、计费重量等要素。

在计算铁路运输费用之前，企业首先要根据《铁路货物运输品名分类与代码表》《铁路货物运输品名检查表》确定适用的运价后，再根据铁路货物运价率进行计算。

表 4.2-1 铁路货物运价率表范例（仅做范例分析）

办理类别	运价号	基价 1		基价 2	
		单位	标准	单位	标准
整车	1	元 / 吨	8.50	元 / 吨千米	0.071
	2	元 / 吨	9.10	元 / 吨千米	0.080
	3	元 / 吨	11.80	元 / 吨千米	0.084
	4	元 / 吨	15.50	元 / 吨千米	0.089
	5	元 / 吨	17.30	元 / 吨千米	0.096
	6	元 / 吨	24.20	元 / 吨千米	0.129
	7			元 / 轴千米	0.483
	机械冷藏车	元 / 吨	18.70	元 / 吨千米	0.131
零担	21	元 /10 千克	0.188	元 /10 千克千米	0.0010
	22	元 /10 千克	0.263	元 /10 千克千米	0.0014
集装箱	20 英尺箱	元 / 箱	449.00	元 / 箱千米	1.98
	40 英尺箱	元 / 箱	610.00	元 / 箱千米	2.70

根据表 4.2-1，铁路运输的计费方式主要分为 3 种，但其费用计算方式没有差别：

每吨 / 箱货物运价 = 基价 1 ＋ 基价 2 × 运价里程

2. 公路运输费用

公路运输费用的计算主要涉及计费重量、计费里程等要素。此外，如果采用包车运输的方式，则要考量包车计费时间。

需要注意的是，在计算运输费用时，企业不仅要支付运输本身的费用，还要根据实际和协议支付其他相关费用，具体如图 4.2-1 所示。

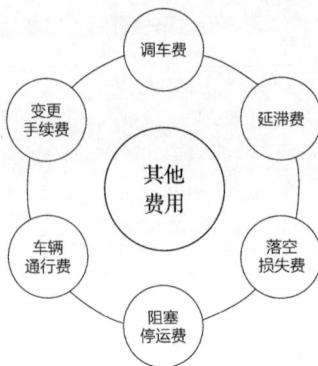

图 4.2-1　货物运输的其他费用

一般而言，公路运输主要分为整车、零担、计时包车 3 种模式，其费用计算公式如下。

（1）整批货物运费计算

采用整批货物运输的计费公式为：

整批货物运费 = 吨次费 × 计费重量 + 整批货物运价 × 计费重量 × 计费里程 + 其他费用

（2）零担货物运费计算

采用零担货物运输的计费公式为：

零担货物运费 = 计费重量 × 计费里程 × 零担货物运价 + 其他费用

（3）计时包车运费计算

采用计时包车运输的计费公式为：

计时包车运费 = 包车运价 × 包用吨位 × 计费时间 + 其他费用

3. 水路运输费用

对于不同的货物品种，水路运输制定了相应的计算等级及计算标准。

表 4.2-2 中国 – 东非等级费率表范例（仅做范例分析）

货名	计算标准	等级（CLASS）	费率（RATE）
农业机械	重量 / 体积	9	404.00
棉布及棉织品	体积	10	443.00
小五金及工具	重量 / 体积	10	443.00
玩具	体积	20	1 120.00
基本港口：路易港（毛里求斯）、蒙巴萨（肯尼亚）			

如表 4.2-2 所示，在计算水路运输费用时，企业首先要根据货物品种查出其基本费率，再加上各项需要支付的附加费率，进而根据货物批量计算出水路运输整体费用。

水路运输的计费公式为：

水路运输费 = 基本费率 × 计费重量（体积）+ 附加费

例如，上海某公司需要运输 100 箱门锁至蒙巴萨港口，每箱体积为 $20 \times 30 \times 40$（厘米），每箱重量为 25 千克；燃油附加费为 40%，港口拥挤附加费为 10%。

根据上表，该公司的费用计算方法如下。

①门锁属于小五金类，故计费标准为"重量 / 体积"，等级为 10 级。

②计算货物体积和重量：

货物总体积为：$(20 \times 30 \times 40) \times 100 \times 10^{-6} = 2.4$（立方米）

货物总重量为：$25 \times 100 = 2.5$（吨）

由于货物总重量大于货物体积，故按照重量（2.5 吨）计费。

③计算货物运费。

基本运费为：443×2.5=1 107.5（元）

附加费总计为：1 107.5×（40%+10%）=553.75（元）

故该批货物整体运费为：1 107.5+553.75=1 661.25（元）

4. 航空运输费用

航空运输费用的计算方式与水路运输相似，都是根据航空公司制定的等级费率表进行计算，其计算公式为：

航空运输费用 = 计费质量 × 对应费率

需要注意的是，航空运输的计费基准是计费质量，就是对货物实际质量和体积质量取较高值的一种计算方式。

此时，为了有效进行对比，需要将货物体积换算为体积质量。根据测量单位的不同，其换算方式主要有两种。

（1）厘米换算为千克，其换算公式为：

体积质量 = 长 × 宽 × 高 ÷ 6 000

（2）英寸换算为磅，其换算公式为：

体积质量 = 长 × 宽 × 高 ÷ 366

4.2.5　运输批次选择

在计算运输费用时，随着单次载货量的增加，单位运输成本必然随之下降。因此，传统物流企业为了控制成本会尽可能地使用大批量运输方式。图4.2-2所示为载重量与运输成本的关系。

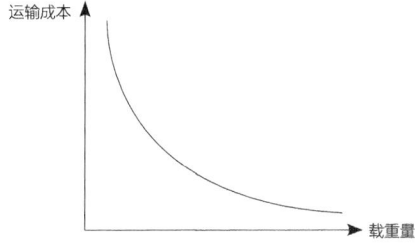

图 4.2-2　载重量与运输成本的关系

然而，新零售时代的一个突出特征就是小规模、定制化。这也为大批量物流带来了挑战。为了满足客户随时、随地的消费需求，传统的集中大批量运输也难以实现。

在这种局面下，为了有效控制物流成本，对运输批次的选择显得尤为重要。

根据企业的运输需求，运输批次的选择也有所区别在新物流时代，为了尽可能实现物流精益化，我们可以将运输批次进一步细分，从入库、出库、库存、调拨 4 个方面对运输批次进行精准控制。

1. 入库策略

在入库环节，企业应依据客户需求和客户满意度的安排，结合需求趋势预测与工厂的生产计划，考虑库容、吞吐能力、物流成本、物流时效以及库存水平和库存策略等约束条件，建立入库计划优化模型。

与此同时，企业要针对高峰期与次高峰期设定不同的入库规则。

（1）高峰期：企业更多需要解决库存分配问题，可通过需求预测、生产计划确定入库比例，实现动态调整。

（2）次高峰期：企业需要根据需求趋势关注，逐步释放外库库存或移入外库库存，据此来确定各自分配比例，优化入库计划，杜绝爆仓现象发生。

2. 出库策略

出库策略是指客户的订单具体由哪个仓库发出的策略规则。依据配送辐射半径、客户数量、客户需求、客户距离、客户满意度、物流成本、物流时效、仓库产品和库存情况等约束条件建立优化模型，根据大量历史数据进行仿真模拟和对比分析。

出库策略分为 3 种模式：按产品发货、按客户发货以及按区域 - 线路发货。

当下，按区域 - 线路的发货策略更加常见。在这一策略下，通过同线路拼车，企业可以将客户分成东区、南区、西北、北区四大区域，或进一步按照省份细分，分别由外库和内库各自发货覆盖需求，并制定相应的常规出库规则和要求。

3. 库存策略

通过合理库存的设定可以提升客户服务水平，提高产品可获得性，帮助生产、采购、运输形成一定的规模效应，同时应对上 / 下游的不确定性，确保需求波动和交货时间不稳定情况下的正常运营。

物流常见的缺货与爆仓问题并存，其根源在于运输批次选择不当，尤其是在库存策略设置不合理甚至是缺失时。

库存策略的设定首先要运用聚类和归类等一些算法对产品建立差异化分类模型。比如根据销量和波动性将产品按照 ABC-XYZ 及新品进行划分，针对不同象限区域内的产品，采用不同的服务水平和库存策略。

不同类别的库存可采用不同的库存管理模式，通过设定合适的周转频率和安全库存实现最小总体成本，达到订货成本和库存持有成本的动态平衡。

值得注意的是，安全库存设定需要基于预测来判断内外库库存是否充足，以及根据预测偏差设置关键品种的安全库存。库存策略的有效设定是入库策略中入库比例设定和库存检查的基础。

4. 调拨策略

从业务闭环角度考虑，虽然上述设计的出库、入库、库存策略已经充分考虑了各方面的因素和限制条件，同时在方案设计时整体规划内外库的出库频率和出库量的均衡情况，但实际执行过程中的小幅偏差往往需要通过调拨进行动态调整实现。

一般而言，企业可以采用定期对比生产批量较大、生产间隔较长的产品生产批号，以及对生产批号设置预警规则等有效系统调拨建议，指导业务人员合理调拨，保证内外库先进先出。

企业可通过梳理客户需求、客户分类、产品分类、订单分类和物流基础属性等数据，有效利用大数据建模形成物流整体策略模型，使物流计划与供应计划和需求计划形成无缝协同和对接。

企业应从根源上有效解决物流领域的几大核心难题：订单交付率低下、缺货和爆仓以及频繁使用临时仓库发货、违背先进先出规则、紧急调拨频繁等一系列问题。

另外，对业务操作人员而言，制定合理的运输批次，可以有效减少无用的"灭火"行为，如生产催单、紧急调拨、额外加班等。操作人员其实不需要了解这些复杂的算法和模型本身，只要将自己的业务实践对应模型进行训练和学习，同时根据模型所生成的建议进行判断和选择，简化工作难度的同时提升决策准确性。

4.2.6　运输包装探讨

运输包装又称"外包装""大包装"，是为了保护货物数量、品质和便于运输、存储的外层包装。

一直以来，物流运输的包装形式多种多样。

①从外形来看，有包、箱、桶、罐等形式。

②从结构来看，有软性、半硬性和硬性包装。

③从材质来看，有纸、木、塑料、金属等包装。

…………

多种多样的包装能够满足不同货物的包装需求。但在缺乏标准化的当下，庞杂的运输包装却成为运输便利的阻碍。它们不仅会限制装卸速度，而且可能导致各种运杂费用的增加。

因此，在控制新物流成本时，企业同样需要从运输包装着手，通过标准化的包装形式，在保护货物数量、品质的同时，提升运输、存储效率，降低物流成本。

1. 运输包装种类

根据不同的货物品种和运输方式，企业应选用相应的包装方式。运输包装主要分为单件运输包装和集合运输包装两大类。

（1）单件运输包装

单件运输包装是指运输过程中作为一个计件单位的包装，主要包含箱、袋、包、桶等包装形式。

①箱：主要用于易受损、价值较高的货物运输，根据不同的货物品种可采用木箱、纸箱等形式。如今的快递包裹主要采用瓦楞纸箱。

②袋：主要用于粉状、颗粒状或块状的货物运输，如农副产品、化学废料等，有棉布袋、麻袋等多种形式。

③包：主要用于可紧压且品质不易受损的货物运输，如棉花、羽毛等，在紧压后打包可有效减少货物体积。

④桶：主要用于流体、半流体的货物运输，主要有木、铁、纸板、塑料等材质。

（2）集合运输包装

集合运输包装又称为组化运输包装。在这种包装方式下，通过将单件运输包装进行组合，形成一个更大的包装，能够有效提高装卸效率、节省运杂费用。

常见的集合运输包装主要有3种。

①集装箱，是由钢板、铝板等坚固材料制成的长方形大箱，是现代化运输

的主要包装方式，标准化程度高，适合船舶、码头运输。

②集装袋，是由塑料纤维织成的抽口式大包，适用于装载散装货物，一般每袋可容纳 1 吨重的货物。

③托盘，是由木材、金属等材料制成的托板，在对货物进行有效堆放之后，再进行包装加固。借助底部的插口，托盘包装既可以作为搬运工具的底托，又可以对货物进行集合包装，其装卸、堆放效率极高。

2. 运输包装探讨

面对庞杂的运输包装形式，企业在选择时应充分考量成本、效率等各方面要素，让运输包装环节成为新物流成本控制的助力。

在运输包装环节，企业应注意以下 5 个方面的问题。

（1）适用货物。因为每种货物都有各自的特性，因此，企业选择的运输包装物必须具有相应的适用性，以保证货物的数量和质量。

比如，流体货物易渗漏和流失，因而应采用防漏的运输包装物；为了促进包装的循环使用，运输包装物还应具备防锈功能。

（2）便于运输。不同的运输方式对运输包装物的要求也各不相同，运输包装物也应考虑运输方式的特性。

如铁路运输与防震、水路运输与防碰撞、航空运输与体积控制等。

（3）便于识别。货物流通需要经历装卸、保管、清点和查验等多个环节。为了提高效率，企业选择的运输包装物也应具备便于识别的特征。

如标准化标识和 RFID 技术的应用，就是为了增强运输包装物的可识别性。

（4）节省费用。运输包装的费用同样是物流成本的重要组成部分。在选择运输包装方式时，包装材料、包装设计、打包方法的改善都会带来费用的节省。

（5）法律规定。在跨境物流市场，不同国家对运输包装的法律规定也不相同；随着我国物流绿色化的推进，对运输包装也提出了更高的要求。因此，企业在选择运输包装方式时，也要考虑相关法律规定，避免造成损失。

4.2.7 运输路线设计

面对纵横交错的交通网络，企业必须持续进行运输路线优化设计，找到最佳路线，以缩短运输时间或运输距离，从而降低运输成本。

在新物流时代，运输路线设计主要通过 3 种方式进行，也可以互相结合应用。

1. 人工计算方法

人工计算方法是一种纸上作业的方法，主要分为 3 个步骤。

（1）绘制交通图

根据货物分布情况以及交通线路、交货地等要素，绘制出交通示意图，从而更加直观地看出运输路线。

（2）简化路线图并计算

基于货物分布、交通路线和交货地，我们可以将其简化，制作出相应的路线图并标注出成本信息，从而计算出初始运输路线。

图 4.2-3 所示为运输简化路线图。发货地在 1 点，交货地在 6 点，每段路线的对应成本都有相应标注，则可以进行相应计算。

① 最优路线，图 4.2-3 中的最优运输路线为 "1-4-6"，成本为 10；

② 改道路线，在最优路线下，如货车抵达 4 点，却发现 "4-6" 无法通行，则须改道为 "1-4-3-5-6"，成本为 13。

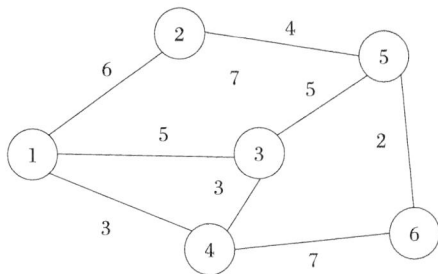

图 4.2-3　运输简化路线图

（3）运输算法

在计算出初始运输路线之后，仍要对路线进行检查和调整。

需要注意的是，经过简化算法，我们只是算出了点到点之间的最优路径，但在实际过程中，通常是多点间的运输。

仍以图 4.2-3 为例，如果仓库分别位于 1、2、3 点，而交货地却在 4、5、6 点，那么，此时的最优路线就变为"2-1-3-4-6-5"，总成本为 22。

2. 经验优化法

在多点间运输时，人工计算往往难以找出最优解。此时，可以采用经验优化法，对运输路线进行优化。

一般而言，运输路线的优化可遵循 8 个原则进行。

①对于位置接近的货物，使用同一辆车进行运送；

②对于集聚在一起的货物，安排在同一天运送；

③运行路线应从距离收货地最远的停留点开始；

④一辆货车依次途径各停留点的路线，应当呈泪滴状；

⑤尽可能使用载重量最大的货车进行运送；

⑥取货、送货应混合安排，而非先送货、再取货；

⑦对远离既定路线的零散停留点，可单独设计运送方案；

⑧为停留点装卸工作预留足够的时间。

3. 智能调度系统

经验优化法是在人工计算无法做出最优解时的选择，但随着大数据、物联网等技术的发展，新物流在设计运输路线时，完全可以依靠智能调度系统进行车辆调度和线路规划。

在完善的智能调度系统中，我们只需输入出发点和终点以及停留点，系统就可以根据交通网络和交通状况自动设计出最优路线，也可以在运输过程中根据实时路况对运输路线进行及时调整。

4.2.8 运输整合研究

谈及物流运输，很多企业首先想到的是货物流动过程中的种种具体行为，如运输、储存、装卸、搬运、包装、流通加工、配送等。因此，物流管理者对物流运输的要求往往就是简单的"车备好、货送到，库管好"。

这些简单的要求虽然能够直击物流行为的本质，却是一种粗放式的管理模式。如果只是简单关注物流运输的个别环节，企业或许可以实现运输成本、配送成本的降低，但装卸、包装等费用却可能因为疏于管理而急剧上升。

若物流企业过于沉浸在这些具体的行为当中，就会对一些重要活动缺乏深入的探索。例如，如何以物流活动为核心，即通过预先制订全面、深入的物流计划来协调供应领域的生产和进货计划、销售领域的客户服务和订货处理业务，以及财务领域的库存控制等活动。

假如客户企业的供应链管理水平低下，物流就容易成为问题聚集的"重灾区"和推卸责任的"泄洪区"：紧急发货、频繁调拨、爆仓缺货、客户投诉、成本飙升、人员和设备负荷不均、屡遭抱怨和投诉等。

如何才能真正有效地控制物流总成本？答案就在于运输整合。

现今的发展情况让运输整合时不我待。

①围绕着"人"的做法：推动全网甩挂运输连接，实现全生命周期服务，提高司机劳动效率。

②围绕着"站"的做法：专业化甩挂场站服务，让司机可以"吃口热饭，洗个热水澡"，到 2020 年内形成覆盖几大经济区的 50 个场站，100 个挂车租赁服务网点。

③围绕着"车"的做法：大车队的延伸"产业链"；单体货车集装箱化；投放新技术高端运输设备。[3]

1. 运输整合原则

运输整合是对运输各环节的资源整合，要实现这一目标，就要遵循运输整合的基本原则。

（1）总成本最低

物流成本控制的核心内涵就是以最低总成本完成物流配送工作。

成本战略物流循环涉及供应商、物流部门、生产研发部门乃至售后部门等多个环节，因此，企业必须遵循总成本最低的原则，对整个物流流程中涉及的关键成本和其他相关成本进行综合评估。

（2）建立共赢关系

不同企业适用不同的物流控制方法。有的企业注重良好合作关系，有的企业倾向于竞争性定价，有的企业则认可物流外包……但无论如何，新物流都并非零和博弈的过程，而是商业协商的过程。

3　引自中国物流与采购网《整合内外部资源 打造物流运输新价值》，2018。

如果企业执着于利用业务杠杆迫使合作方妥协，企业也绝不可能成为受益者。因此，企业要遵循建立共赢关系的原则，基于对物流市场和自身战略的充分了解，实现所有利益相关方的共赢。

（3）完善物流能力

运输整合并非交易行为，理想的运输整合能力涵盖 6 大方面的内容，即总成本建模、创建运输战略、建立并维持合作方关系、整合合作方、利用合作方创新、布局物流基地。

很少有企业能够同时做到以上 6 点，但企业仍然要不断完善自身的运输整合能力，并争取做到以下 3 点。

①总成本建模能力，为建立战略物流循环奠定基础；

②创建采购战略能力，推动物流运输由战术性行为转变为战略性行为；

③建立并维持合作方关系，确保实现利益相关方的共赢合作。

（4）制衡与合作

企业与合作方之间虽非零和博弈，但也存在相互比较、相互选择，双方都具有议价的优势。如果企业对合作方的业务战略、运营模式、竞争优势等信息有充分的了解和认识，就有助于其发现机会，在共赢合作中找到平衡。

即使选择单一合作方，企业也应当遵循制衡与合作的原则，持续关注自身行业及相关行业的发展，考虑如何借助与合作方的深入了解乃至先期合作来降低成本、增强竞争力。

企业进行运输整合只有遵循以上原则，才有可能建立一个良好的成本战略采购体系，依靠一套严谨而系统化的工作程序，强化企业竞争力中最不可或缺的一环。

2. 制订物流计划

物流计划是指基于主作业计划对各个物料在物流各环节的关键节点制订的各类物流计划，包含但不限于供应商发货计划、原材料到货计划、卸货计划、入库计划、检验计划、配套计划、配送计划、成品存储计划、成品打包计划、成品发运计划等。这一系列计划共同构成了企业的运输整合战略。

（1）物流计划的制订

①确定关键物流环节，建立标准作业流程。

②量化关键物流环节的物流作业标准及时间。

③制订关键物流环节的物流计划。

④在量化标准与实际执行中抓取差异。

⑤对关键物流环节实施全过程实时监测和预警。

⑥修正量化标准，消除执行差异。

（2）物流计划的运用

要真正运用好物流计划，数字化、可视化、智能化、信息化是必不可少的关键技术。数字化可帮助解决人工处理庞大数据量的难题。

传统差异管理的业务过程数据统计是离散型的。各部门协同共享联动性较差，信息无法共享和及时传递。相关过程中的异常信息绝大多数没有及时存储，导致不能及时做统计分析。大量的数据都是人工统计，导致统计结果滞后。管理也只能是事后控制，而不能实现预先控制和及时管理。这最终导致企业日常管理出现能力不清、不可决策、不可预警、不智能等问题，对客户不敢承诺、不能兑现、无法缩短交期。

①同步细分作业计划，从而建立计划协同机制，以实现计划的有效联动；同时，建立可视化和差异管理数据平台，以实施过程监测、差异管理并持续优化提升。

②物流计划就是将生产和物流信息有效联动起来，同时对过程中的异常信息进行预警或及时展示。以此将事后管理提升为及时管理和预先控制，并及时监测。

4.3 第三方物流供应商的选择与管理

无论是传统制造业还是电商业，都绕不开物流。针对物流，业界也走向了两条不同的道路，一条以第三方物流为主，另一条以自建物流为主。

4.3.1 第三方物流与自建物流

近年来，关于究竟应该选择哪种物流的争论从未停止。随着京东物流等自建物流的相继拆分，第三方物流实际上已经成为供应链物流的主导模式。这也是社会分工不断细化的必然结果。

第三方物流（Third-Party Logistics，3PL）又称为外包物流或合同物流。它是指由物流劳务的供方、需方之外的第三方去完成物流服务的运营方式。也是社会分工下物流专业化的一种表现形式，从运营内容看，其不仅包括仓储、运输和电子数据信息交换，也包括订货与自动补货、选择运输工具、包装与贴标签、产品组配等。

那么，第三方物流与自建物流的区别有哪些呢？

1. 自建物流的优劣势

自建物流是指企业独资经营物流业务，通过自主建立一套完整的物流体系为企业物流配送业务服务。

（1）优势

自建物流的优势如下。

①自控权。对于自建物流，企业拥有完整的自控权，能够对仓、运、配等各环节进行有效协调，保证物流服务的及时性和安全性。

②稳定性。在自建物流的支撑下，面对节假日等特殊时间段，企业可以有效规避运力不足的状况。

③认可度。稳定的优质物流服务能够帮助企业获得客户的高度认可。

（2）劣势

自建物流的劣势如下。

①高成本。自建物流的成本十分高昂，且回本周期也十分漫长，对企业资金流动性造成巨大压力。

②难管理。自建物流必然带来更为庞大的员工队伍，而这也带来了管理、培训等方面的难题。

③分散性。资金、人才等资源的分散使企业无法专注于核心业务。

2. 第三方物流的优劣势

第三方物流的范围包括任何一种物流服务的外部采购，如在交易基础上对运输和仓储服务的传统采购、对非传统物流服务的购买行为。严格来说，第三方物流是指多项物流活动的采购行为，是对多种或综合服务的采购，涉及计划、控制和实施过程及长期业务关系。第三方物流基本的价值增值来自管理信息和知识，尤其是 EDI（Electronic Data Interchange，电子数据交换）、信息系统、卫星通信等技术服务。

（1）优势

第三方物流的优势如下。

①低成本。借助第三方物流，企业可以减少物流方面的资源投入，在物流低成本运营的同时，规避经营风险，并专注于核心业务的提升。

②多选择。蓬勃发展的第三方物流行业为企业带来了更多选择。企业可以根据实际情况选择最佳的第三方物流供应商，以提升物流效率。

③信任度。成熟的第三方物流公司拥有丰富的物流经验，也具有相当的市场知名度，可以帮助企业获取客户信任。

（2）劣势

第三方物流的劣势如下。

①难以控制。若企业采用第三方物流，则难以充分控制商品流通过程，甚至难以及时获取物流信息。

②运力不足。在节假日或"双十一"等销售旺季，第三方物流往往也会出现运力不足的情况，造成订单积压，为客户消费体验造成消极影响。

4.3.2　第三方物流供应商的选择策略

第三方物流的模式在发达国家已经比较成熟，在我国尚处于起步阶段。在社会分工的不断细化下，第三方物流已经成为诸多企业的共同选择。如何借助第三方物流提升供应链竞争力，也成为很多企业的一大困惑。

要解决这一困惑，前提就在于做好第三方物流供应商的选择。

1. 选择合适的第三方物流供应商

第三方物流后期合作顺畅，很大程度上取决于前期的正确选择。正如供应商的选择一样，企业在选择第三方物流供应商时，需要关注资质、匹配度和配合度等指标。只有符合企业需求的第三方物流供应商，才能成为精益物流、智慧供应链的助力。

而在此之前，企业首先要明确自己的需求，才能谈合适与否。因此，企业需要明确第三方物流的关键服务类别。

（1）第三方物流运输服务包括的主要内容如表 4.3-1 所示。

表 4.3-1　第三方物流运输服务

项目	内容	备注
汽车运输	主要指整车货物的陆路运输，以长途汽车运输为主	
零担	指不满一个货运汽车的零散货物运输，往往涉及不同发货人的拼装运输	也称 LTL（Less Truck Load，零担运输）运输

项目	内容	备注
专一承运	指运输工具专门为一个客户使用的运输形式	也称合同运输
多式联运	指一项货物运输业务同时涉及海运、陆运、空运或其中两种以上运输方式	
水运	指沿海、内河、远洋等水上运输	
铁路运输	主要指整车货物的陆路运输，以火车运输为主	
包裹	指小件的运输，其特点是实效性强，可能涉及空运、汽运、铁路等各种运输方式	
设备	专门提供运输设备的服务	
司机	出租职业司机的物流服务	
车队	指提供车队管理服务	

（2）第三方物流仓储服务包括的内容如表 4.3-2 所示。

表 4.3-2 第三方物流仓储服务

项目	内容	备注
越库	是现代第三方物流仓储服务应用最多的形式，指货物仅在仓库交叉分装，基本没有停留过程的行为，越库的实现不仅需要高效率的仓储操作技术，更需要发达的物流信息管理技术	英文为Crossdocking
上门收货服务	收货并入仓储存	
包装 / 组装	货物在仓储环节的包装服务和进一步打码、重新包装等	
完善	指生产流程中没有完成的部分生产过程在仓储环节进一步完善的行为	
分货管理	按不同的客户分类、分组储存和管理	
存货及管理	指以存货数量管理为主体的仓储服务，依据销售数据，对提供存货数量预测、监督、调整的服务	
位置服务	指按照销售分布或生产分布对仓储或配送中心的位置进行咨询、设计、选址的服务	

（3）第三方物流特别服务，其内容如表 4.3-3 所示。

表 4.3-3　第三方物流特别服务

项目	内容	备注
逆向物流	指产品回收、更换、处置等物流过程	也称反向物流
直接配送到商店	产品从工厂到零售商店的过程	
进/出口清关	代理进出口报关，缮制单证等服务	
ISO 认证	物流企业或相关国际质量标准的认证服务	
直接送货到家	上门送货到家庭的服务	

（4）第三方物流国际互联网服务，其内容如表 4.3-4 所示。

表 4.3-4　第三方物流特别服务

项目	内容
搜寻/跟踪	利用互联网等技术手段，对物流过程中的货物/车辆进行实时搜索、跟踪
电子商务	基于网络的交易、信息服务等商务行为
电子执行	用互联网、EDI 电子数据交换等方式实现的物流操作过程
通讯管理	物流通讯的网上管理和电子信息管理
电子供应链	将整个供应链过程在互联网上进行管理的物流过程

聚焦于上述四大关键服务类别，企业能更好地认识第三方物流资质，并做出正确选择。

2. 掌握战略（SWOT）分析方法

战略（SWOT）分析是一种用于评估组织总体形态的战略工具，也是 EMBA（Executive Master of Business Administration，高级管理人员工商管理硕士）和 MBA（Master of Business Administration，工商管理硕士）等主流商管教育的推荐工具。在供应商关系管理中，企业同样要熟练运用 SWOT 分析工具。

SWOT 分析的内涵主要包含四个维度，即优势（Strengths）、劣势（Weaknesses）、机会（Opportunities）和威胁（Threats）。

在对第三方物流供应商进行 SWOT 分析时，我们首先要做好填空题，找到如下问题的答案。

（1）优势（Strengths）

①相比其他供应商，该供应商具有哪些优势？

②供应商拥有哪些特有的资源或实力？

③供应商拥有哪些资源具有独特的成本优势？

（2）劣势（Weaknesses）

①相比其他供应商，该供应商具有哪些弱点？

②供应商在管理、技术、财务等方面是否存在约束？

③供应商在哪些方面有改进余地？

（3）机会（Opportunities）

①对该供应商而言，建立合作关系是否是重大机会？

②供应商有哪些机会可以提高供应能力？

③供应商可以为整个供应链提供怎样的机会？

（4）威胁（Threats）

①该供应商正面临哪些潜在风险？

②在技术、法律、市场等要素的改变中，该供应商是否具备优势？

③供应商在财务方面是否存在不稳定性？

在明确上述问题的答案之后，企业就可以制作供应商的 SWOT 分析表。

经过完善的供应商 SWOT 分析，我们就能够对供应商资质产生清晰的认知，并对其进行评价。一般而言，SWOT 分析有四种不同类型的组合，即优势 – 机会（SO）组合、劣势 – 机会（WO）组合、优势 – 威胁（ST）组合和劣势 – 威胁（WT）组合。

在这四种组合当中，优势、劣势可以看作内因，而机会、威胁则是外因。因此，我们可以据此将供应商归入相应的象限，进行供应商的内因和外因分析，如图 4.3-1 所示。

优势 Strengths

Ⅱ	Ⅰ

威胁 Threats ————————————————— 机会 Opportunities

Ⅲ	Ⅳ

劣势 Weaknesses

SWOT 分析，供应商的内因和外因分析
横坐标表示外因，纵坐标表示内因

图 4.3-1　供应商的内因和外因分析

针对处于不同象限的供应商，我们可以进一步确定相应的发展战略，如图 4.3-2 所示。

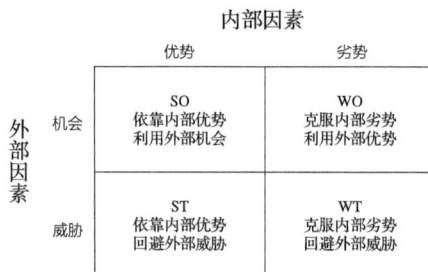

内部因素

	优势	劣势
机会	SO 依靠内部优势 利用外部机会	WO 克服内部劣势 利用外部优势
威胁	ST 依靠内部优势 回避外部威胁	WT 克服内部劣势 回避外部威胁

（外部因素）

图 4.3-2　发展战略分析

借助完整的供应商 SWOT 分析，我们能够对供应商资质进行完整的评估，也能够确定后续关系管理的重点因素。因此，企业必须重视供应商 SWOT 分析，用科学、客观的分析方法，进行供应商关系管理，并将资源和行动投入到优势或机会最多的领域。

4.3.3　管理第三方物流供应商的误区

供应商管理是指对供应商的开发、评估、筛选、绩效以及关系管理等综合性工作。在现代供应链管理中，供应商资源是企业战略资源，第三方物流供应商管理也是智慧供应链战略的重要内容。

在实际操作中，很多企业都热衷于庞大的供应商数量，但其最终效果却是物流成本长期居高不下，这是为什么呢？

经过调研发现，如果企业能够同时在多家供应商中进行选择，就能够保证供应的连续性，还能在供应商的相互竞争中获得价格好处。此时，企业甚至可以通过分配物流资源，对供应商加以控制。

然而，这种做法只顾及眼前利益，完全忽略了企业战略竞争需求的长期利益，自然谈不上整体成本规划与策略布局，更不谈上下游供应逻辑设计与交易流程优化，最终使供应链失去价值整合力。

因此，在第三方物流供应商管理中，我们必须重视供应商关系管理，从单纯的物流管理中挣脱出来，尝试与供应商建立和维持长久、紧密的伙伴关系，共同开拓市场，提升供应链价值。

在维系供应商关系时，企业必然要付出一定的成本，而成本的支出一定要带来效益。在供应商关系管理的实际操作中，很多企业容易陷入各种误区，而无法实现有效管理，也难以实现供应商关系管理的应有效用。

第三方物流供应商关系管理涉及各个方面，是一门系统的科学。对企业运营而言，供应商关系管理的重要性并不弱于客户关系管理、经销商关系管理或公共关系管理。而在明确了供应商关系管理的重要意义之后，在实操层面，企业也要避免一些误区导致的问题。

误区一：物流供应商关系管理只是采购部门的事

很多企业认为供应商关系管理"只是采购部门的事情"。事实上，如果没有其他部门的需求汇总和业务协助，第三方物流供应商关系管理就难以有序进行，如生产部门对交期的需求、研发部门与创新供应商的对接、售后服务等部门的信息反馈。

误区二："一刀切"的物流供应商关系管理方法

物流供应商管理必须切合实际，无论是绩效管理还是关系管理都是如此。虽然供应商减少或优胜劣汰是绩效管理的必要手段，但这并不意味着遇到问题就"一刀切"。"一刀切"尽管简化了关系管理，却容易导致适得其反。

例如，供应商因为不可抗力或初次产生问题，愿意积极主动进行协调并且配合企业给予赔偿，而企业一味实施超额惩罚乃至解除合作关系，则容易对企业形象产生负面影响，损害其他供应商的合作意愿。

对于供应商关系管理，企业应具体问题具体分析，而非死板生硬地"按章办事"，否则，很难与优秀供应商建立稳固的战略合作关系。

误区三：压缩物流供应商利润就是为企业谋利

随着市场竞争的日趋激烈和信息技术的不断发展，多数产品的成本价格已经几近透明，企业可以通过各种途径获悉供应商的生产成本。这也使不少企业据此不断压缩供应商利润，以降低自身成本。在供应商处于弱势地位的市场环境下，很多供应商为此苦不堪言。

正是在这样的误解下，企业与供应商很容易陷入对立关系。

在这一关系下，企业将风险管理局限于价格、质量、数量、交期等基本元素，一旦供应商违约就要赔偿，甚至逼迫对方签订严苛的合同条款；反之，供应商的一切行为也都"按章办事"，合同约定以外的服务一律不提供，即使出现潜在风险，也不愿主动沟通。

当企业不惜压缩供应商利润为自己谋利时，最终必然出现各种问题，而在缺乏供应商配合的情况下，企业的最终成本其实不降反增。

误区四：只需维持基本的合作关系即可。

很多企业将第三方供应商管理比作菜场买菜："买哪家都是买，能买到就行了，何必在意那么多？"这些企业只将供应商看作货源，因此，也只愿意与其维持一种松散型的合作关系。

所谓松散型关系，指的是企业与第三方物流供应商合作的次数不多、数量不大，或没有建立更紧密关系的需要。

在这一关系下，供需双方均将业务看作暂时的，两者关系也只到协议约定为止。此时，企业只关注自己的需求，却希望供应商在未来随时可用，但供应商却会保留信息，只在需要时提供，不会给予充分的预警信息。

松散型关系虽然能够形成一定的合作，但一切以协议为准的合作机制使企业难以获得协议之外的收益，采购战略的达成也将因此受限。

其实，第三方物流也是企业供应链管理战略的重要一环。因此，企业同样应当将第三方物流看作战略合作伙伴，在协同共进中实现双赢。

基于长期合作伙伴关系，企业可以与第三方物流深入探讨精益物流的改进方向，增强双方的协同能力，进而提升双方乃至整个供应链的竞争力。

需要注意的是，在管理第三方物流时，有两个底线必须强调。

底线一：物料安全。第三方物流必须确保物料安全，即物料按质、按量地送达目的地，避免物料在第三方物流过程中出现损耗。

底线二：服务稳定。第三方物流必须保证服务稳定，确保在任何时期都能按约提供物流服务，尤其要规避高峰期调度失序的情况。

因此，在管理第三方物流时，企业可以引入绩效管理等各种管理方法，根据第三方物流关键指标和企业需求，引导第三方物流企业不断提升改进，以符合供应链发展需求。

4.3.4　第三方物流供应商绩效考核要点

很多企业对供应商关系管理的认知就是供应商绩效管理。确实，供应商绩效管理是供应商关系管理的重要组成部分，但在供应商绩效管理实践中，很多企业都会产生这样的疑惑 ——为什么供应商的绩效不高?

当企业投入大量资源和精力在绩效管理当中时,究竟是什么限制了绩效管理的成效?

讨论这个问题之前,企业首先要明白:我们究竟需要怎样的物流供应商?通过绩效管理,我们想要的物流供应商究竟是什么样子?这就是绩效管理要回答的问题。

当企业将"多快好省"作为理想的物流供应商状态时,其绩效管理指标也必然以成本、价格、交付等要素为核心,虽然追求这个理想目标较为困难。由此可见,绩效管理采用的各项指标正是关于企业理想物流供应商的画像。绩效管理的目标就是以绩效制度推动物流供应商向着理想供应商的方向成长。

绩效管理的引入将会对物流供应商产生压力,无论从价格、品质到交付时间,都会尽可能与我们签订的协议一致。绩效管理并非只是简单的一个数字,而是应当建立完善的体系。这样才能实现成本控制,对物流供应商进行有效管理。

想要做好物流供应商的绩效管理,企业就要明白下列等式的含义:

绩效管理 = 目标沟通 + 考核改善 + 优胜劣汰

等式右边的三个环节构成了绩效管理的整体。企业对这三个环节进行分类解读,就可以找到物流供应商绩效管理的技巧。

1. 目标沟通

所谓目标沟通,就是一种"目标管理"的传递,即将自己的目标传递给物流供应商。在与物流供应商进行目标确认时,应当在确认总目标的基础上对分类目标进行确认,并将这些分类目标作为考核供应商经营能力的标准。这其中,物流目标的设定应围绕成本、品质和交货期展开。

只有将各个目标用数据进行量化并与供应商充分沟通,供应商才能清楚企业的要求,绩效考核工作才能有效推进。

2. 考核改善

考核改善分为两个部分。第一部分为"考核"——针对设定的目标对物流供应商进行考核。在目标沟通之时，企业应当确定考核的时间节点，及时对供应商展开考核，尤其是对效率、质量的控制等，更应被列入特别考核项目。

在考核完成之后，关于考核成绩的信息，企业也要视情况给予公示或通知相关物流供应商，让供应商对自己的能力有清晰的认识从而知晓自己是否需要改善或哪些方面需要改善。

一旦发现物流供应商不能通过考核，接下来就要推动物流供应商进入"改善阶段"。因为供应商能否拿出有效的解决方案，将会直接影响到后续经营的健康与否。这一阶段非常重要，如果物流供应商不能进行有效改善，很可能导致接下来的物流工作出现拖延情况，直接造成成本的增加。

3. 优胜劣汰

优胜劣汰是自然生存法则，同样适用于商业领域。

对优秀物流供应商，企业应该在订单、财务等方面给予倾斜，以支持物流供应商的发展。然而，倘若物流供应商始终无法达到预期，且难以实现改善，那么无论是因为物流供应商主观重视不足，还是因为客观上遇到技术瓶颈，都应当及时更换物流供应商。

只有这三个环节环环相扣，才能对物流供应商产生积极的压力，最终提升工作效率，降低采购成本。绩效管理的目的就在于通过制度约束对方行为，提前做好说明、有相应考核内容，不达标就启动退出程序。这样对方才能重视企业的业务，做好绩效管理协同。

需要强调的是，在绩效管理的任何环节，企业都要进行充分沟通与分析。

①内部沟通。各部门明确自身的考核目标后，经过内部需求的整合，企业绩效管理才能给物流供应商提供精准的方向。

②外部沟通。加强与物流供应商的交流，建立良好的关系，让对方真正认

识到企业的价值观，形成"共存共荣"的理念，才能提升绩效管理的效果。

4.4　智能物流系统与产品

智能物流系统层出不穷，我们仅选一些有代表性的系统和产品解释。

4.4.1　制造执行系统（MES）

MES（Manufacturing Execution System，制造执行系统）最早由美国公司在 20 世纪 90 年代初提出，旨在将 MRP 计划与车间作业协同，以加强 MRP 计划的执行功能，包含 PLC 程控器、数据采集器等多种技术手段。

康佳工厂的摩尔 ERP 系统已实现了销售、计划、采购、生产、发货、财务回款等业务链管理的信息化，在计划、任务、交付和财务核算等方面进行了有效的控制。而摩尔 MES 系统为康佳工厂搭建了一个双向反馈的环境，对人、机、料、法、环等因素进行监控，同时又能把设备的现场执行结果反馈到系统，使管理者能够即时掌握工厂状况。[4]

根据制造执行系统协会的定义，MES 能通过信息传递对从订单下达到产品完成的整个生产过程进行优化管理。当工厂发生实时事件时，MES 能对此及时做出反应，并用当前的准确数据对其进行指导和处理。这种对状态变化的迅速响应使 MES 能够减少企业内部低附加值的活动，有效地指导工厂的生产运营过程，从而使其既能提高工厂及时交货的能力，改善物料的流通性能，又能提高生产回报率。MES 还通过双向的直接通信在企业内部和整个产品供应链中提供有关产品行为的关键任务信息。图 4.4-1 所示为 MES 的构架。

4　引自摩尔元数《安徽康佳电子有限公司 mes 项目》，2018。

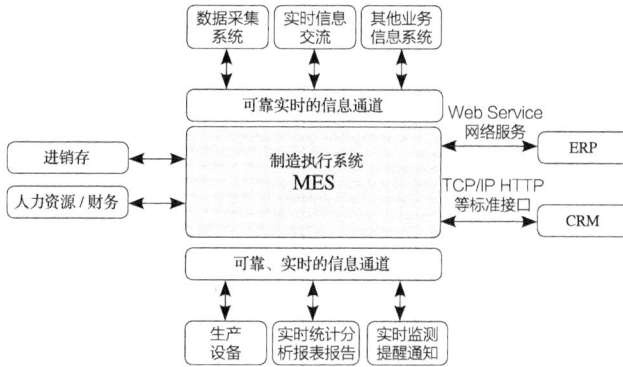

图 4.4-1　制造执行系统（MES）的构架

注：ERP，即企业资源计划；CRM，即客户关系管理。

在不断的革新发展中，MES 已经能够适应现代生产流程，覆盖企业多种生产工序如产品制造、商品割据、商品包装、测试等，并提供监测和控制功能。

MES 的功能如表 4.4-1 所示。

表 4.4-1 MES 的功能

项目	内容
管理细度	由传统的按天计算精细到分钟级乃至秒级
数据采集	由传统的人工录入变为自动扫描、快速准确采集
电子看板	由传统的人工统计变为自动采集、自动发布
任务分配	由传统的人工分配变为自动分配，从而平衡产能
仓库管理	由传统的人工统计变为系统指导，使数据更加及时、准确
物料存放	由传统的杂散堆放变为透明、规整
责任追溯	形成更加清晰、准确的责任追溯机制
绩效评估	借助完整数据进行精准分析
统计分析	从时间、产品、路线等多维度进行统计分析
综合分析	根据企业需求，定制分析数据

4.4.2　仓库管理系统（WMS）

WMS（Warehouse Management System，仓库管理系统）是通过入库、出库、调拨和虚仓管理等功能，对仓库管理各项功能进行综合运用的管理系统，其功能包含批次管理、物料对应、库存盘点等。

作为一种实时的管理系统，WMS能按照业务规则和运算法则，对信息、资源、存活运营进行精细管理，从而最大化地满足智慧供应链对及时性和精确性的要求。

顺丰速运于2014年启动网仓战略，并于2015年9月正式发布"仓网时代"，建成覆盖全国的电商仓储配送体系。

FLUX WMS作为顺丰速运仓储管理的核心业务系统，部署于顺丰100多个仓库，支持顺丰速运四大块主要业务：电商仓配物流、跨境电商海外仓、冷运仓、电商产业园仓储业务；支持顺丰为其数百家电商客户提供服务，涉及服装、电子、快消、生鲜等数十个品类。[5]

具体而言，WMS的功能主要如下。

（1）货位管理：借助数据收集器、产品条形码等技术，实现库存的全方位管理。

（2）产品质检：质检部门可直接通过扫描条码，录入质检数据并上传至系统。

（3）产品入库：产品入库时自动采集产品数据，包括货物品种、数量、生产日期、货位以及相关操作人员信息。

（4）产品出库：根据销售部门发来的提货单，系统将根据先入先出原则，自动将相应产品数据下载到采集器，并制定出库任务。

5　富勒FLUX行业案例，来源于FLUX的官方网站。

（5）**仓库盘点：** 实时的数据扫描及采集能够满足仓库盘点的需求。

（6）**仓库预警：** 根据预先制定的上下警戒线，当库存数量接近或超过警戒线时，将自动发出预警。

（7）**质量追溯：** 基于产品质检、入库、出库等数据，可对产品质量进行有效追溯。

4.4.3 其他系统

随着物联网、人工智能技术的不断发展，智能物流正在融入更多的"黑科技"，如智能拣选系统、智能物流 AGV、智能物流机器人等。

智能物流 AGV 是一种装备有自动导引装置的搬运车，可以沿既定的导引路径行驶，具有安全保护、物料搬运等各种功能。在无人化的系统操作中取代传统的叉车、拖车操作。

随着智能物流 AGV 的不断发展，其不仅适用于快递包裹的搬运，也能够用于生产线、汽车、码头搬运。

基于各类前沿技术的智能物流系统层出不穷，很多企业也因此眼花缭乱，陷入疑惑：智能系统看起来很高科技，但是否适用于自身？成本与回报是否匹配？

企业想要借助智能物流系统与产品推动智慧供应链的实现，仍然需要立足供应链自身，进行充分分析与调查。具体而言，推进智能物流系统与产品的应用有 10 个步骤，如表 4.4-2 所示。

表 4.4-2 智能物流系统与产品应用的推进步骤

序号	步骤	内容
1	了解需求	企业要深入调查产品品质要求、设备效率要求、设备工作环境等要素
2	分析产品	企业要充分考虑产品生产工艺、产品全方位尺寸、产品来料情况、产品注意事项、设备使用地点的技术参数等
3	制定方案	包括讨论确定方案、实现功能模块、设备整体示意图、设备局部示意图、设备各机构简介、设备各部动作说明、设备技术参数说明等内容
4	方案评审	包括设备可行性评估、设备成本性评估、设备生产效率评估、设备各部分结构可行性评估、不合格确定修改
5	客户确认	包括方案报告制作、方案报告讲解、方案报告评审、设备方案确定
6	图纸设计	包括机构设计、机器装配图制作、确定执行部件、确定电控配件、设备物料清单输出、说明书制作
7	图纸评审	包括机器结构配合合理性、机器效率是否满足、机器造价成本合理性、各机构操作及维护性、各部件选用合理性
8	加工管理	包括零件图纸吻合性、零件加工精度、零件加工工艺、零件参数检验确认、制作进度管理
9	组装调试	包括按图装配、考虑走线、组装验收点检、按产品工程调试、生产打样安排、试运营验收安排
10	正式运营	包括安装成品验收、设备外表整理、设备特殊目视、必要的防护措施、设备备件点检、操作说明等资料、人员培训

只有通过上述 10 个步骤的层层分析和推进，企业才能真正打造出适合自己的智能仓库管理系统，进而实现智能工厂的目标。

当然，在这一过程中，企业人才梯队也会面对诸多挑战。对此，企业则要做出有针对性的人才培育，确保人才建设能够跟上企业发展。

时至今日，面对成本、环境和市场竞争等多重挑战，企业对智慧供应链的升级已成为一种必然趋势。此时，各行各业都要通过业务流程数字化，借助物联网、云计算、大数据等新型技术，真正提升供应链价值。

第 5 章

智能整合：
智慧供应链运营的 7 个目标

智慧供应链的运营要有目标、有计划，要整合资源、提升市场竞争力，如此才能不断优化，更能满足市场需求。

5.1 以客户为核心，以市场需求为原动力

马斯洛的需求层次理论被广泛运用在各种与人有关的分析中，而对如何分析客户需求，同样可以从中学习借鉴。

（1）在产品经济时代，由于产品供不应求，为了满足客户的生存需求，农产品、锅碗瓢盆等作为生活必需品更具优势。

到了商品经济时代，人们的生存需求已经得到保障，商品种类繁多、供给充足，客户愿意也有能力去购买更具质量优势的产品。于是，企业开始努力提升商品的质量和技术含量，以获得客户的青睐。在这一时期，生存、安全需求仍然是客户的主流需求，客户的物质需求仍然没有得到充分满足。

（2）随着商品经济发展到一定程度，客户的物质需求已经得到了极大满足，客户开始为了追求更高的社会地位，满足自尊、社交需求而渴望高品质的服务。这造就了服务经济时代。如果企业无法提供令客户满意的服务，客户就会选择其他服务更佳的企业。

（3）如今，我们迎来了以体验经济为主的新零售时代。社会生产力水平较高、客户消费水平不断提升，使单纯的产品、服务都不再具有真正的市场优势。客户为了实现自我而追求更具个性化的产品和服务。

5.1.1 以客户需求为核心

客户需求的不断升级是新零售时代的主要推动力量，也是供应链运营的原动力。在当今时代，产品不再由企业设计，而是由客户设计。各行各业都在努力挖掘客户需求，以客户需求为核心。

最典型的就是影视行业。

自《纸牌屋》2013 年全球热播以来，大数据分析就被看作影视创作的利器。

根据观众观影过程中的各项数据表现，如观影时长、观影偏好观影频率、暂停频率以及在哪个画面更多客户选择暂停或结束观影等来调整影片制作。

这些数据都暗藏着观众的观影需求，基于这些需求数据，影视制作就可以有的放矢——如果观众都不喜欢某个角色出现的片段，那就在下一集"让他出局"。

以前导演、编剧更多地被看作创作者，根据自己的理念创作出影视作品，但在当下，导演的执导筒由观众掌握，编剧的笔也同样如此，如果观众既喜欢"宫斗戏"也喜欢"枪战戏"，那么，编剧甚至会为观众炮制出一台"后宫枪战"的大戏。

智慧供应链的运营必然要以客户为核心，以市场需求为原动力。

但影视行业这样的"喂饭式"运营模式是否就是智慧供应链的运营目标呢？

不可否认，基于丰富的客户消费数据，供应链运营可以对客户需求进行有效分析。但要注意的是，市场瞬息万变，用户的需求也随时改变。这就意味着我们的产品不能一成不变。在供应链运营中，很多企业却永远落后市场半拍。

当然，企业也有苦衷："客户今天想吃粥，明天想吃肉包，等我改做肉包了，他们后天又想吃三明治了，我怎么办？"

企业之所以会产生这种担忧，是因为他们并未正确认识到客户的需求。供应链运营在于满足客户的深层需求，而非表象。

正如当福特询问用户想要怎样的交通工具，所有用户都回答"一匹更快的马"，而站在工业时代的起点上，福特给了他们一辆汽车。

因此，在瞄准客户需求的同时，供应链运营要更加智慧，运用数据对客户的未来需求进行准确预测，而不只是发现客户过去的需求。只有如此，在新零售时代的快速发展中，供应链运营才能成为时代引领者，并找到新时代与旧产品的结合点，实现产品的"时代性"升级。

毋庸置疑，智慧供应链管理的核心正是客户。

5.1.2　智慧供应链管理的关键

智慧供应链管理的关键就是通过信息网络、组织网络，对生产及销售环节进行有效连接，并推动物流、信息流和资金流的合理流动，最终将合适的产品以合理的价格在恰当的时间推送到顾客手中。

从某种意义上讲，智慧供应链管理的运营发展，其主要力量就是源自市场需求的拉动。在以客户为核心的市场现状下，供应链运营的触发点和落脚点都是为客户创造更多价值，从而激发市场需求、拉动供应链优化。

随着全球商业竞争的日趋激烈，现代商业环境给企业带来了巨大压力：企业不仅要生产和销售优质的产品，还要为客户提供满意的服务，从而建立市场竞争优势。

正如"现代营销学之父"科特勒所说："顾客至上，没有他们，企业就不能生存。一切计划都必须围绕挽留顾客、满足顾客进行。"

沃尔玛创始人山姆·沃尔顿说："顾客诚心满意，反复光临，是沃尔玛获得利润的关键。"

5.2　锚定企业核心业务在供应链中的位置

1980 年，美国俄亥俄州辛辛那提市的一家大型日用品制造商——

Proctor & Gamble（P&G，宝洁）突然接到来自密苏里周圣路易市一家超级市场的要求："能不能实现 × 牌尿布的自动补货？无需重复订货手续，只要旧货卖完，新货就能自动补上，我们按月支付货款。"

接到这样的要求，宝洁公司的经理当即展开研究，尝试实现建立"自动补货"系统。最终，通过深入筹划，宝洁与上述超级市场的计算机系统连接到一起，形成一个自动补充纸尿布的雏形系统，并且出乎意料地好用。

就这样，自动化的供应链管理走进现实。最初的"尿布"系统也不断拓展，延伸至宝洁公司的大多数下游经销商，以提高经销商的销售效率和宝洁公司的销售利润。

1988 年，眼见宝洁公司"尿布"系统的良好运营，当时的两家大型百货连锁品牌都决定试用，一家是 Walmart（沃尔玛），一家是 Kmart（卡玛特）。前者在试用之后不断对系统进行改善，如今已经成为全球最大的百货零售企业；而后者在试用之后就不再使用，并于 2002 年申请破产保护。

"尿布"系统当然不是宝洁公司和沃尔玛成功的唯一要素，但却是不可忽视的关键要素，而这套系统的成功也正是供应链管理的意义所在。

5.2.1　企业联盟

随着信息时代的到来，摩尔定律和突变定律也从通信行业延伸至整个商业社会。在全球化竞争的环境下，无论是跨国企业还是中小企业，都要面对复杂多变的市场竞争环境。

此时，任何企业都不可能成为市场竞争中的"孤胆英雄"。企业既无法独自应对来自多环节的市场竞争，也难以对市场需求实现快速响应。在新零售时代，市场考验的并非企业自身的"手腕"，而是企业"打群架"的能力。

所谓"打群架"，就是企业与供应链上下游企业结成联盟，通过整合实现共赢。

智慧供应链管理的意义就在于打破传统供应链企业的边界，将供应链上的信息孤岛连为一体，结成完整的业务网络，以获取更快的响应速度、更准确的预判能力、更强的风险抵御能力，从而以最小成本在最大限度上满足客户需求。

在上述市场背景下，随着智慧供应链管理理念的发展，供应链组织的概念也应运而生。供应链组织是供应链管理和精益供应链管理中的重要概念，其关键内涵就在于锚定企业核心业务在供应链中的位置。

5.2.2　供应链业务流程

由于技术、市场、人员、管理等因素处于不断变化之中，因此，供应链业务流程也并非一成不变的，企业要根据各项因素的变化进行判断和分析，并适时对供应链业务流程进行重组。图 5.2-1 所示为完善的供应链业务流程模型。

供应链业务流程的设计和重组其实也是供应链价值增值的焦点环节。为了确保业务流程的先进性，并持续提升供应链的运营效率，供应链管理就要借助信息网络技术，深耕采购、物流、产品设计开发、生产、配送与销售等各个环节。

在这个过程中，供应链的每个成员都应当锚定企业的核心业务在供应链中的位置，在竭力提升自身核心竞争力的同时，与其他成员建立协同合作机制，从而打破供应链业务流程中的壁垒，消除采购、研发、制造、销售等各环节的浪费活动，在全面协调与改善中为客户创造价值。

基于供应链组织的概念，企业在对供应链业务流程进行协调改善时，也不能只关注业务、流程、机制的改善，还要注重凝聚供应链管理文化，并以此形成供应链的无形资产和竞争优势。

供应链企业的价值取向、素质和能力乃至责任履行和形象展示都直接关系到供应链业务运营的效果。因此，供应链组织必须明确自身的价值观、行为意向、激励等内容，并充分吸收参与企业的优秀文化，确保供应链管理文化与企业文化的协同性。

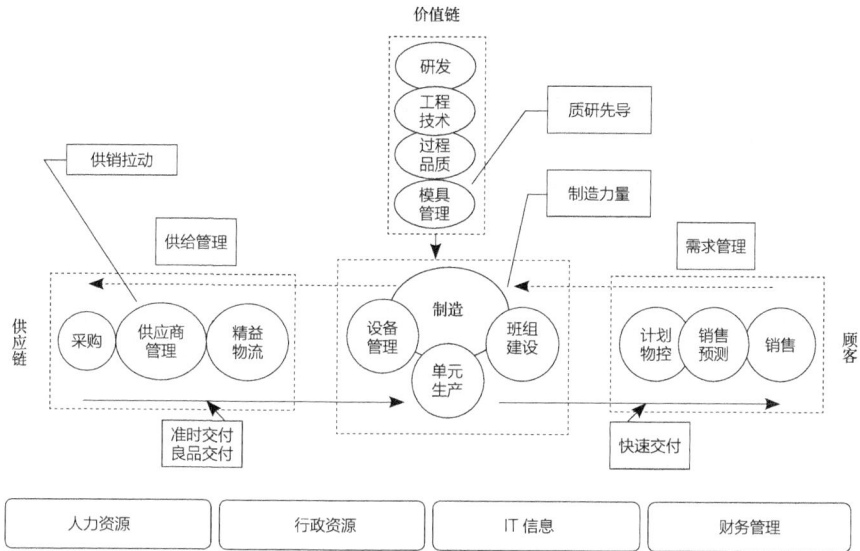

图 5.2-1 供应链业务流程模型

5.3 共担风险、共享利益的供应合作关系

过去，由于市场竞争不充分，世界上曾出现过许多"超级霸主级"的企业。这些企业占据整个供应链乃至整个市场的最大利润。但在如今的市场竞争下，已经不可能出现全盘通吃的大赢家。

任何只顾自身利益的企业都会被市场淘汰。只有价值共赢，才能提升整条供应链的竞争力，而供应链上的每个环节也都将因此受益。

本田美国公司生产的汽车零部件本地率达到 90%（1997 年），只有少数的零部件来自日本，强有力的本地供应商的支持是本田公司成功的原因之一。

本田公司与供应商之间是一种长期相互信赖的合作关系。如果供应商达到本田公司的业绩标准就可以成为其终身供应商。本田公司也在以下几个方面对其提供支持帮助，使其成为世界一流的供应商。

①2名员工协助供应商改善员工管理；

②40名工程师在采购部门协助供应商提高生产率和质量；

③质量控制部门配备120名工程师解决进厂产品和供应商的质量问题；

④成立特殊小组帮助供应商解决特定的难题；

⑤直接与供应商上层沟通，确保供应商的高质量；

⑥定期检查供应商的运转情况，包括财务和商业计划等；

⑦外派高层领导人到供应商所在地工作，以加深本田公司与供应商相互之间的了解及沟通。[6]

实现价值共赢的基础就在于关系管理。只有在充分的沟通与协作中，企业才能实现供应链的价值整合，并借助供应链各环节能力的提升，推动整个供应链的系统改善和价值共赢。

因此，在智慧供应链运营中，供应链内部必须建立共担风险、共享利益的供应合作关系。

为了实现这一目标，供应链内的所有成员都应当主动参与到供应链的价值提升中，积极反馈并重视建议。

一方面，企业内部应进行充分沟通，对合作方的能力进行全方位评估，并

6　　《供应链管理案例：本田美国公司与其供应商的合作伙伴关系》

就发现的问题与合作方进行沟通。

另一方面，企业也应重视合作方提出的建议，再进行充分调研，根据调研结果进行改善并向合作方说明。

具体而言，供应链各成员可以从这些角度着手。

5.3.1　企业内部分析

企业内部分析应将以下内容作为重点，交由相关部门与合作方进行交流。

（1）成本评估

企业物料部、技术部、采购部、仓储部等都应对产品的成本进行评估，成本评估越丰富，其最终的整体评估意见就越有参考价值。上述部门也应听取市场部的意见，对比其他公司的产品销售价格，找到成本控制的不足之处。

（2）成本评定

相关部门应将各个部门的信息进行汇总整理，制作完整的表格，做到分门别类评定。如某一项成本明显过高，则应重点标识，待与合作方交流时进行重点分析。

（3）其他更新

根据合作方提供的建议在企业内部进行相应更新，如流程更新、设计更新等。听取合作方的意见，会让合作方提供的产品或服务发挥最大效能，最终实现供应链价值的提升。

5.3.2　供应合作建议

相关部门在与合作方进行交流时，对其提供的建议应积极跟进。

（1）产品设计优化

一方面，企业相关部门要听取合作方的建议，针对产品设计进一步优化；另一方面，企业相关部门也要将企业的需求详细地告知合作方，并对设计进行一定改善，达到企业的要求。

（2）包装优化

企业与合作方应当针对包装进行优化，在利用包装保证产品数量和品质的同时，增强装卸效率、降低物流成本。此外，如果合作方提供的产品极具营销价值，则应在最终产品包装上做出明显标识，以吸引客户注意。

（3）质量改善

企业针对合作方编制的质量绩效报告，可将之完整交给合作方，让合作方看到哪些环节存在质量问题，从而进行有效改善。同时，企业也应当听取合作方的意见，对设计本身进行一定调整，进一步提升质量品质。

（4）物流与仓储优化

对大批量生产的企业来说，其必须与合作方交流物流和存储计划，尽可能地避免物料大量堆积、无法顺利交货。设计科学的物流与存储模式，不仅能够大大提升供应链效率，也能够让合作方的仓储压力大为减小，双方互利。

（5）程序优化

企业与合作方的对接程序应提前确认，避免双方的程序不同导致问题始终不能得到有效传递，绩效始终不能得到改善。

比如，问题如何提交、多久获得答复、何时打款等。明确确认这些程序问题，会大大提升供应链互动交流、业务开展的效率，从整体上改善系统运转。

（6）生产工艺优化

及时与合作方交流行业目前的工艺发展新趋势，了解合作方是否有工艺优化的计划。

5.4 智慧系统优化运营效率

智慧系统往往能够协调多方资源，从各个层面优化选择，节省资源，提升效率。

5.4.1 智慧供应链系统

智慧供应链的核心就在于智慧系统的应用，如 MES、WMS 等。

当然，智慧系统的应用和搭建同样需要投入大量成本。如果供应链上的各成员之间的智慧系统无法实现协同，投入的成本也无法发挥应有的效用。

德马泰克在仓内有全系列的解决方案，包括自动存储、穿梭车等多种智能设备；

京东则将无人分拣中心划分为不同区域，再通过智能系统连接在一起，形成一套全自动化的解决方案；

快仓在仓库全流程上，从收货的无人叉车、搬运机器人到辊筒机器人，设计了一整套智能流程；

Geek+（极智嘉科技有限公司），根据货到人、运单到人的分层拣选，设计出不同的解决方案；

…………

在智慧供应链的智能整合中，供应链各成员经过调研分析、协商合作，搭建起覆盖供应链全流程的智慧系统，让智慧系统能够真正优化供应链运营效率。

5.4.2　智慧供应链系统的 6 个特质

智慧供应链系统的特质如下。

（1）工具性。管理所需信息由系统自动产生或由感知设备采集，如 RFID 等。只有借助这些信息采集和通信工具，智慧系统才能拥有完善的决策依据——数据。

（2）关联性。供应链内的各成员企业以及各部门、系统、业务都应处于高度关联中，从而形成相互关联、相互依存的智慧网络系统。

（3）智能化。让智慧系统参与甚至主导决策，从而优化决策过程、改善管理绩效。

（4）自动化。由自动化设备驱动业务流程，并取代低效率的其他手段，如人工操作等。

（5）整合性。支撑供应链各方参与者的协同合作，如联合决策、信息共享等。

（6）创新性。在智慧系统的迭代升级中，推动供应链运营的创新发展，以满足供应链价值诉求。

5.5　实时响应需求，让供应链更智能

有哪款产品在面世之后能一成不变，持续风靡数十年吗？答案是没有。

且不谈产品日新月异的互联网行业，即使在最传统的行业也没有这样的例子。如可口可乐这样的百年霸主也在不断推出新的口味，包装也在不断变化。

在当今的市场竞争环境下，供应链如果希望只提供单一的产品或服务就能经久不衰，那无疑是一种奢望——因为同行在复制、市场在变化。

5.5.1 即时响应需求

假设客户有 100 种需求，竞争者现有的产品只满足了 80 种，而我们的产品满足了 90 种。我们的产品则更容易被客户接受。但此时，若竞争对手对我们的产品快速复制，还增添了一些功能，满足了用户 95 种需求，那么客户就极有可能选择竞争对手的产品。

如果我们满足了 100 种客户需求，是否就一劳永逸了呢？

同样不行，因为客户永远都不会满足，且其需求数量有可能已经上升至 120 种。

在日趋激烈的市场竞争中，落后一步就可能丧失所有优势，因为客户会投入竞争者的怀抱。

供应链运营必须跟上市场发展，最重要的是跟上客户的需求变化。这就需要企业的供应链运营具备实时响应需求的能力，这也要求整个供应链能够如一款软件、一套系统般，更加智能地进行更新迭代。

聚焦于实时响应需求的能力，除了智慧系统的合理应用外，供应链必须充分重视客户反馈，从客户的每一次反馈中挖掘有价值的信息，并将新的功能添加到产品当中或推出新的服务，从而持续赢得用户认可。

5.5.2 如何建立实时响应机制

时至今日，客户评价随处可见。客户不仅会在电商平台评价，也会将之公布到社交圈中。如果这些反馈得不到重视和回应，就会让供应链被贴上"傲慢"和"迟钝"的标签，甚至会引起负面口碑的传播。

因此，在智慧供应链运营中，我们也要在各大社交平台建立实时响应机制。

（1）建立反馈机制。借助官方微博、公众号等平台，为客户提供合适的反馈渠道，并及时给予回应。

（2）形成监测系统。社交监测系统可以实时关注社交平台，用关键词和传播度等指标自动发掘相关评价，并对其进行有效判断和处理。

①正面评价，可进行互动、转发，将其当做口碑营销的契机；

②负面评价，正面给予解释，如确实自身不足，则给予补偿，避免公关危机；

③无效评价，对于缺乏营销价值的正面评价或无实质意义的负面评价，企业则无需关注。

5.6 透明化与可视化，供应链自我进化

在智能供应链管理中，可视化管理是一个重要概念，是指利用智慧系统让管理者有效掌握企业信息，实现管理上的透明化与可视化。这样，管理效果可以渗透到企业人力资源、供应链、客户管理等各个环节。

可视化管理能让企业的流程更加直观，使企业内部的信息变得透明，并能得到更有效传达，从而提升管理效率。

5.6.1　透明化与可视化

在智慧供应链的构建中，透明化与可视化意味着智慧系统可以获取到尽可能多的数据信息，从而深度融入供应链运营管理中。

"我国供应链已经进入波动性的常态发展，尤其阿里巴巴的'双十一'、京东的'618'期间订单量呈几何指数的增长，对供应链的能力产生巨大的挑战。"时任科箭常务副总经理的许效军说，"端与端的供应链越来越透明化，物流信息的密度越来越高，三流合一已经不足以满足供应链的发展，人作为供应链中的新要素成为关键。"

科箭花了很长时间做出来的产品"Power SCM Cloud"是一体化云平台数字化供应链，体现了"专业、灵活、敏捷、友好"的设计理念，可实现开放互联，即插即用，供应链整体参与方通过云连接起来，各方又可获得数据，使问题的预测、发现和解决都有了实施路径。

据了解，这款供应链云产品可以实现安卓、IOS、微信和钉钉等移动终端的互联互通；基于智能手机＋蓝牙扫描的仓储作业，可以让WMS 云仓储管理成本降到更低，覆盖到多个城市。

该款云产品基于阿里云性能的弹性扩展，能够实现公私混合，读写分离，通过高成本的方式可以使每个客户拥有独立的数据库，真正打破信息孤岛，使资源协同、数据高度可用。[7]

可视化管理，就是把供应链管理中的诸多问题及对问题的识别、控制、治理及应急处理等各个环节，通过现场拍摄图片、视频等可见有效载体，使其一目了然，增强视觉冲击效果，使现场管理更加直观化、显性化，使企业内部信息可视化，并能得到更有效的传达，从而实现管理透明化的一种现场管理方法。

7　引自亿欧《科箭推出供应链管理云平台，实现供应链全程可视化》，2017。

实行可视化管理能最直观地反映运营状态，提升管理人员工作的规范性，深化落实"在岗、在位、在状态"的工作作风，使图片、视频等可见有效载体起到检查、整改、服务、支持、监督、导向的作用。

5.6.2 可视化管理的作用

可视化管理能对企业在生产过程中各类物品的放置及当前状态进行管理，也能对生产过程的进度状况、品质状况、设备故障等进行管理及预防。通过可视化，任何人都能了解生产运行状态。可视化管理的作用如下。

（1）**易于问题明示化**。将各种不利因素和异常情况明示化，便于及时调整和修正。

（2）**便于相互监督**。可视化管理要求实现各种生产作业的公开化，有利于作业人员默契配合、互相监督。

（3）**提高工作效率**。单纯的文字表达有时会出现歧义，若理解有偏差，则相关人员的工作就会偏离最初目标，而通过可视化使问题一目了然，工作就会直达靶心。

可视化管理带来的透明化能够帮助供应链各方实时查看并管理从客户到供应商的各个产品、服务和信息的流动。

基于透明化与可视化的运营模式，供应链的自我进化也成为可能。在这一过程中，企业必须按照 PDCA 模式实施，建立"计划 – 检查 – 整改 – 落实 – 改进 – 计划"的闭合管理模式，在持续不断的革新进化中达到最终目标。

5.7 降低合作成本，提升市场竞争力

智慧供应链管理的有效运营受到诸多限制因素的影响，如组织架构、行业

特征、地域分布等。因此，为了降低合作成本、提升市场竞争力，供应链上的企业就要依靠各种技术和管理手段，消除限制因素的影响。

在各类影响因素中，有一项因素是智能整合的最大阻碍——"牛鞭效应"。

5.7.1 牛鞭效应

牛鞭效应（Bullwhip Effect）是经济学上的一个术语，也被称作长鞭效应，指的是在供应链上的一种需求变异、放大现象。在牛鞭效应下，需求信息在从最终客户到原始供应商的传递过程中被不断扭曲并逐级放大，最终使需求信息处于越来越大的波动当中。

如图 5.7-1 所示，需求信息变异的逐级放大就如牛甩动起来的那条长鞭，虽然牛只是轻轻一甩，但到达长鞭尾端时，却能形成剧烈的甩动。也正是在牛鞭效应的影响下，处于上游的制造商和供应商的库存水平往往数倍于下游的分销商和零售商。而站在供应链的角度来看，对于销售商（分销商、零售商）而言，制造商及上游供应商都可以被看作"供应商"。

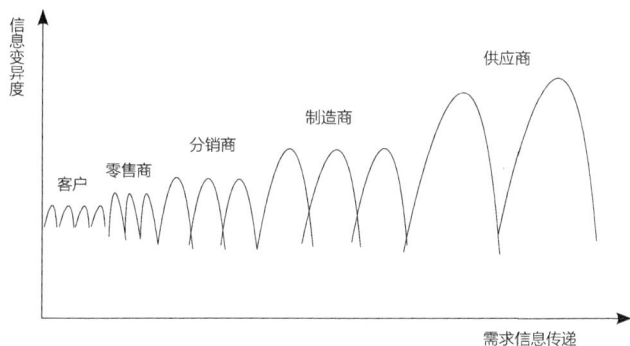

图 5.7-1　牛鞭效应

牛鞭效应是供应链管理中非常有影响力的效应之一。它不仅可能造成库存积压，还会导致生产计划频繁波动、交货周期过短等各种问题，造成合作成本的增加和市场竞争力的削弱。

智慧供应链的智能整合就在于数据的采集和信息的传递，如果信息出现变异，那智慧供应链的决策结果同样无法做到精准。

5.7.2 如何应对牛鞭效应

企业必须妥善处理供应链的牛鞭效应，弱化其负面影响。具体而言，应对牛鞭效应的方法主要有 3 种。

1. 订货分级管理

当供应商想要满足销售商的所有订货需求时，其需求预测修正造成的信息变异必将进一步放大，供应商也因此处于供应链的弱势地位。在供应链运营过程中，销售商的地位和作用并不等同，相反，正如"二八法则"定义的那样，20% 的销售商贡献了 80% 的销量。

因此，在应对牛鞭效应时，供应商首先要对销售商进行分类，如一般销售商、重要销售商、关键销售商等；在此基础上，供应商则可对销售商的订货实行分级管理。

（1）对一般销售商的订货采取"满足"管理；

（2）对重要销售商的订货采取"充分"管理；

（3）对关键销售商的订货采取"完美"管理；

（4）当货物短缺时，有限满足关键销售商的需求；

（5）定期对销售商进行考察，在合适的时机剔除不合格的销售商。

2. 缩短订货提前期

一般而言，订货提前期越短，需求信息越准确。根据沃尔玛的调查，当订货提前期为 26 周时，需求预测误差为 40%；当订货提前期为 16 周时，误差为 20%；当销售商按照当前需求实时订货时，其需求预测误差仅为 10%。

因此，供应商应当鼓励销售商缩短订货提前期，采取小批量、多频次的实需型订货方式，以降低需求预测的误差。尤其是在当下，借助电子数据交换系统等现代信息技术，销售商完全可以及时将需求信息分享给供应商。

3. 合理修正需求信息

供应量各节点企业对需求预测修正的夸大是导致牛鞭效应的重要原因。因此，供应商在进行需求预测修正时，切忌一味地以订货量为基础进行放大，而应当根据历史资料和当前环境进行合理分析，从而真正发挥需求信息修正的效用。

与此同时，联合库存、联合运输和多批次发货等形式也有助于供应商在控制成本时满足销售商的需求。

在供应链的牛鞭效应下，需求信息变异的加速放大以及由此造成的短缺博弈或短期行为，都会损害供应链各节点上的企业利益。因此，供应链上的企业都应当协同合作，借助现代信息技术高效整合供应链管理系统，采用合适的分销与库存管理方法，削弱牛鞭效应的负面影响。

第6章

新零售，新物流

消费升级、互联网＋、大数据、云计算……越来越多的新名词涌现在消费市场。在新零售、新物流的快速发展下，每位消费者都成了新技术、新概念的"体验官"。

6.1 新零售与新物流让供应链自我进化

在供给侧与需求侧的合力推动下，供应链的主导权逐渐向消费者转移。在新的竞争环境下，传统的供应链运营管理也要继续进化。与往常不同的是，在客户需求导向下，面对海量的个性化需求，供应链再也不能单纯依靠供给侧推动进化，而必须跟随需求侧进行自我进化。

与传统的进化方式相比，自我进化方式具有更强的及时响应能力，能够快速响应市场需求，为消费者传递更好的产品、体验，从而打造更具优势的供应链品牌。

具体而言，我们可以从产品、体验、品牌三个维度来理解供应链的自我进化。

6.1.1 产品传递维度

在传统零售场景下，商家的商品传递到消费者必须经历三个环节，即物流、仓储和辐射。

（1）物流

无论是超市等传统线下零售还是以电商为代表的线上零售，要确保商品的有效流通，都需要一条完整的物流供应链作为支撑。在这条物流供应链上，商品由厂家传递至最终消费者。

（2）仓储

无论如何向"零库存"努力，仓储都是零售场景中的必要设施。仓储管理既是充足货源的保障，其效率提升也是新物流的重要组成部分。如果缺乏有效的仓储管理，"爆仓"也将成为市场常态。

（3）辐射

所谓辐射，就是物流及仓储的辐射范围。它直接决定了商品传递的范围。很多物流从业者认为辐射范围越大越好，但这有个必要前提——确保服务质量。否则，越大的辐射范围也意味着越差的服务体验。

如顺丰速运、申通快递等物流企业的快速成长，正是因为其专注于产品传递领域。在新模式的探索和新技术的应用中，企业可持续提升物流供应链、仓储管理的效率，并尽可能地拓展辐射范围。

在这样的场景需求下，传统的产品传递正在向"全流通传递"进化。物流供应链逐渐涵盖仓储管理，仓储管理慢慢与实体门店相融合，线下场景式体验与线上虚拟式体验相结合……仓配一体、仓店一体等新模式正是供应链自我进化的结果。

6.1.2 体验传递维度

传统的客户消费体验主要源自营销策划、产品属性与人工客服 3 个层面。

（1）**营销策划**。无论是电商还是实体零售，营销信息都是客户体验的第一层面，如果营销方案不符合客户审美，客户自然不会选择这样的产品。

（2）**产品属性**。产品是客户体验的核心和基础，即使企业在其他层面做得再好，如果没有产品体验作为根基，客户体验就无从谈起。

（3）**人工客服**。客服是连接产品与客户的桥梁，其发挥着重要的产品服务传达和交换作用。客服贯穿了售前、售中、售后等全部消费环节。

传统供应链在提升客户体验时，都会从营销策划、产品属性与人工客服等 3 个层面着手。但在供应链的自我进化中，越来越多的无人商店涌现出来，导购、收银、客服等传统工作人员都成了被"消灭"的对象。

很多人会疑惑："没有了人工，如何做客服？"

其实，机器客服可以应对常规性问题，搭配个性化的人工客服，才能让服务无处不在，让消费更加流畅。

以无人店为例，客户走进商店、选取商品、走出商店，即可完成整个消费流程：没有导购，因为商品都采用了最科学的摆放方式；没有收银，因为移动支付已经演进为"无感支付"；但人工和机器的配合会让客服质量更高。

依托于这种"全服务"体验，客户体验得以进一步提升，更加贴近"随时、随地、随意"消费的新零售内涵。

6.1.3 品牌传递维度

传统的品牌传递都是一种单方面陈述，由品牌商告诉消费者：我是怎样的企业；我有怎样的产品；我有怎样的服务；我的核心优势是什么……

为了让品牌触及更多消费者，渠道管理也一直处于重要地位，如传统的经销商渠道以及各大电商渠道等。

但无论如何陈述、用何种渠道，这种单方面的品牌传递都存在一个致命问题——无法实现与消费者的互联互通。

①品牌商无法实时掌握消费者的需求，因而难以创造更加精准的产品和服务；

②消费者无法有效感知品牌商的重视，因而难以形成更加稳固的品牌忠诚度。

针对这样的问题，一品一码、人工智能等技术也逐渐被应用到供应链当中。

以"一品一码"为例，每件商品都被贴上唯一的二维码，并以扫码优惠、产品溯源等功能吸引消费者扫码关注。这样可有效建立独属于每位消费者的数据库。消费者的每一次消费都能通过这种方式被记录，企业也得以制定更加精准的营销方案，而在这样"贴心"的体验下，消费者自然也会更加忠于品牌。

在新零售与新物流时代，二维码之所以得到如此普遍的应用，是因为供应链的自我进化让其价值与地位日益突出。

6.2 餐饮与快消品对供应链提出新要求

新零售与新物流的发展正在推动传统供应链的自我进化，餐饮与快消品也同样如此。

近年来，餐饮与快消品企业纷纷投入对新零售、新物流的探索与实践中。在品类、爆品、体验、渠道等维度，餐饮与快消品的创新都已进入高度活跃期，而这也对供应链提出了新的要求。

作为直接面对消费者的终端零售企业，餐饮与快消品囿于传统经营模式，难以实现快速变革。

因此，餐饮与快消品也不可避免地陷入发展困境：市场渗透率不断下滑、终端零售店来客数急剧减少……更为尴尬的是，这种情况将会越来越突出，在可预见的未来，商场、实体终端店来客量的饱和将成为不可逆的现象。

然而，无论是阿里巴巴还是京东的相关负责人，都一直在各种场合强调新零售的 3 大核心要素——来客、浏览量和客单价。

在终端店来客量急剧减少的当下，餐饮与快消品又要如何针对来客、浏览量和客单价实现变革呢？

6.2.1 树立流量零售理念，革新供应链价值

餐饮与快消品要适应新零售时代的发展，就必须树立流量零售的概念，一切以流量为重心，将吸引、连接、影响客户并打造长期稳定有效的客户价值作为运营主线。

无论是新零售时代还是传统零售或电商时代，客户都是核心要素。没有客户，一切努力都毫无价值。

在这一逻辑下，商品只是经营客户价值的一种手段，门店也只是吸引客户流量一个入口。企业需要考虑的是：如何将门店打造为新客户连接器、老客户关系维护中心？

当我们将目标客户吸引到门店时，就可以根据客户需求去打造商品，而不再是通过打造商品吸引客户。

以盒马鲜生为例，在不断吸引客户、连接客户的过程中，盒马鲜生的发展路径已经与传统大卖场截然不同，其将"大海鲜""超市 + 餐饮"作为主要定位，以迎合目标客户的需求。

餐饮与快消品行业的供应链价值也应顺势进行革新。

1. 从材料到商品

商品仍然是供应链价值的核心载体，但商品如何体现供应链价值呢？其关键不再是材料本身，而是要融合多种元素，让商品创造出更大的价值。

2019 年 6 月，优衣库推出与考斯（kaws）联名的新款 T 恤，一经上线就引发哄抢。这款售价 99 元的 T 恤一度被炒到 499 元甚至 799 元。

事实上，考斯（kaws）联名款的爆款之路由来已久。2017 年，耐克乔丹系列 4（AIR JORDAN4）推出与考斯（kaws）联名款球鞋，其定价为 360 美元，但最后却被炒至 3 500 英镑，折合人民币约 3 万元。

而优衣库作为平价快消时尚品牌，在不断提升服装质量的同时，更是屡屡推出联名款 T 恤，借助漫威、星球大战等大 IP，尽可能地为客户创造更大价值。

2. 从成本到品质

身处消费升级时代，消费者越发追求商品品质，而不只是价格。因此，供应链在创造客户价值时，也不能只考虑成本本身，而要考虑全流程中的附加价值，从而为客户带来更多的价值感。

家电企业还有没有出路？关于这个问题，张瑞敏曾经谈道："肯定是没有出路了，只能从卖产品转向打造终身顾客价值，只能开发社群价值。"

海尔家电在不断拥抱物联网技术，以满足客户的个性化需求，为其提供场景服务的同时，也更加关注社群经济，从而满足客户的情感需求。

正如张瑞敏在一次演讲中所说："人工智能不可能把人的意志搞清楚……一定要和人当面交流，当面接触。而在可预见的未来，计算机根本做不到这一点。"

因此，海尔推出三个"十万"计划，即十万个社区、十万个行政村、十万个车小微。

3. 从效率到价值

效率本身就是价值的重要组成部分，而在供应链运营中，更要考虑如何让效率的价值呈现出来，也即借助更高的效率创造更大的价值。

蜀海在从事新餐饮供应链时就提出"以终为始"的概念，以呈现给客户的菜单为核心，集食材采购、生产、加工、仓配、研发等全功能为一体，借助独特的物流配送中心和中央厨房以及对应的车队及研发能力，为餐饮提供全托管式服务。

在如此高效的运营管理下，蜀海可以为餐饮提供全品类的服务。据统计，在北京、上海、广州、深圳等主要市场，蜀海的SKU超过4万，涵盖冻货、净菜以及酱料等各种单品。

6.2.2　认清多元零售市场，推动供应链创新

新零售的变革创新为整个餐饮与快消品行业带来了重大的变革机遇。与此同时，餐饮与快消品等零售市场也发生了根本的结构性变化，由以往的单一市场转变为多元市场，而这一趋势也将进一步延伸至供应链各节点。

多元化的零售市场为参与者带来了新的市场机会，而要把握这一机会，企业就要进一步推动创新，通过产品、渠道、营销等创新适应市场变化。

具体而言，供应链创新主要包含3个层面的内容。

（1）分销体系。在终端市场走向多元化的当下，传统的分销模式也不再适应市场变化，供应链必须对分销体系进行重构，用更有效率的分销体系提升交易与交付效率。

（2）技术应用。面对人、货、场的重构，供应链要提升整体运营效率，就要进一步发挥技术的驱动力量，从零售终端开始打通供应链全链路，并建立起新的链接，如厂家与消费者的链接、终端与供应链体系的链接等。

美国时装设计师协会将传统服装业的供应链称为一个"崩坏的系统"，并将利用新技术提升效率的能力作为当下服装企业生存和决胜的关键。

在美国时装设计师协会看来："一个聪明的供应链系统，应该能够利用数据精准洞察消费趋势，辅助企业进行快速、贴切的商品企划决策，根据市场需求及时调整生产节奏，控制库存短缺或过剩造成的负担。"

（3）**厂家参与**。新零售的发展也必然带来去中间化的行业变革。链条的缩短也是供应链效率提升的有效路径，因此，供应链运营管理要更加重视厂家的高度参与，使厂家成为渠道创新、终端创新的重要推动力量。

当下，伴随着厂家的高度参与，供应链的生产流通过程也正在发生转变，与传统供应链模式差别明显。图 6.2-1 所示为传统供应链模式与创新供应链模式的对比。

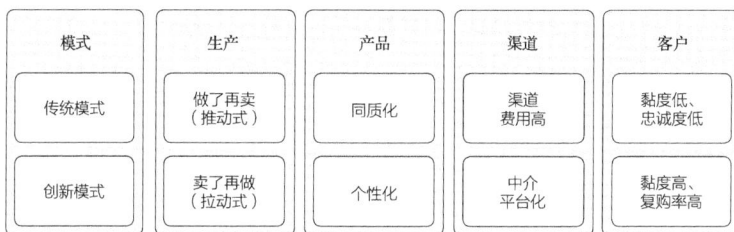

模式	生产	产品	渠道	客户
传统模式	做了再卖（推动式）	同质化	渠道费用高	黏度低、忠诚度低
创新模式	卖了再做（拉动式）	个性化	中介平台化	黏度高、复购率高

图 6.2-1　传统供应链模式与创新供应链模式的对比

6.3　人、货、场重构，新供应关系诞生

无人超市、无人仓等"黑科技"的出现，为我们打开了关于新零售与新物流的美好画面。随着更多参与者的加入，无论是餐饮、快消品企业还是其他企业，都已经身处新的竞争环境下，一个全新的时代已经开启。

很多参与者尚未明确什么是新零售或新物流。在此时，如果参与者不能快速寻找新零售、新物流的真正奥义，而只是盲目跟风，那必然会陷入更大的困境当中。

相比于电商对零售环节的互联网改造，新零售无疑是一场更具深度、更加多维的革命。

要对新零售、新物流时代有一个透彻理解，我们就要认识到新零售对人、货、场的重构。

6.3.1 人、货、场

时至今日，仍然有很多人将新零售与电商相关联，认为新零售是电商模式的一种升级。但我们必须认识到，在电商时代，其实只有人与货两个元素：消费者在电商平台下单购物，货物通过物流配送上门。

在这样的商务模式下，大部人不清楚客户究竟是在怎样的场景下产生了这样的消费需求？

如果无法弄清并解决问题，供应链就不可能紧跟客户需求进行自我进化。因此，我们需要将场景要素加入进来，根据不同场景对应的商品和消费习惯，进一步明确客户消费背后的真实需求。

在新零售发展初期，阿里巴巴与京东两大互联网体系展开了堪称疯狂的布局行动，从无人咖啡馆到无人超市、从盒马鲜生到京东超市……互联网巨头们采用了亲身实验、投资等多种手段，构建出各种新零售场景，对新时代的人、货、场关系进行深入探索。

在这样的过程中，人、货、场关系的重构得到证实。

（1）人的重构： 相比以往，新零售更加强调以人为本、以客户需求为本。因此，以数据为基础的"会员通"逐渐普及，消费者各个渠道的各类消费数据都被集中在同一个会员账户下，商家得以无限贴近消费者的真实需求。

（2）货的重构： 新零售的制胜关键就是对客户需求的快速响应。这就涉及生产、物流等供应链各环节。在"大规模定制化"时代，柔性能力得到前所未有的高度关注，物流则深入到供应链上的各个环节，以最大限度地提升效率。

（3）场的重构： 在全渠道时代，线上、线下的商品、服务、会员正在加速融合。随着 AR、VR 等技术的应用，消费场景也不再局限于线下门店，场景的内涵不断被丰富，"所见即所得"也日趋成为现实。

6.3.2 新供应关系的诞生

当人、货、场不再按传统模式运转时，新的供应关系也随之诞生——需求链。

传统的供应链管理正在向"需求链管理"演变，客户需求将真正成为供应链运营管理的起点和驱动力。在新的供应关系下，供应链上的各个环节将与前端需求和商品管理实现有机串连，尤其是生产、采购、物流、仓储等环节。

在这样的串连结构下，需求链实际上成为一个"需求－生产－配送"的完整闭环。

从本质上来看，供应链与需求链都强调在协同、整合中降低整体成本、提升整体效率。之所以出现需求链的新供应关系，则是因为当下消费者与消费场景的分离。

正如前文所说，新零售与新物流时代要求企业精准定位客户需求，但当消费者与消费场景出现分离时，品牌商就不知道商品为何好卖或难卖、又该在哪里摆放哪些商品，也就无法实现销售额和利润的最大化，甚至可能因畅销品断货而面临损失。

新零售、新物流对商品的管理要求已经不局限于满足客户需求，更在于影响乃至引领客户需求。只有如此，供应链运营才能避免总是落后于客户需求的尴尬局面：从客户产生需求，到需求信息被层层传递至设计、研发环节，再到新产品经过设计、研发、采购、生产、物流被层层传递至客户。在这样的漫长链条中，当新产品投入到市场时，客户需求可能已经改变。

因此，新的供应关系的核心其实在于提升需求预测准确度。借助智能商品管理、智能定价、销售预测、自动补货、物流计划等手段实现供应链的智能和高效决策。

由此可见，新供应关系虽然是以客户需求为导向，但在实际操作中，却表现为数据驱动决策：通过采集尽可能丰富、准确的消费数据，并对其进行充分分析，从而获取供应链相关的决策数据，如需求特性、需求数量、促销偏好、盈利模型等，进而依托这些决策数据制订生产、销售计划。

6.3.3　供应链内部关系

在新的供应关系下，供应链要适应人、货、场的重构，同样需要从供应链内部关系着手来满足客户需求。

供应链内部的关系极为复杂，既有内部博弈也有激励相容，还有自由选择。但无论如何，在处理供应链内部关系时，企业都要遵循一定的规则和程序，以解决与供应链的协同目标、规则、流程和组织等相关问题。

在应对新供应关系时，最富有挑战性的工作就是选择最合适的协同机制，以实现供应链组织的有效整合。这也是供应链组织的策略重点。

具体而言，供应链策略主要包含 4 个方面的内容。

1. 供应链博弈分析策略

供应链管理的过程实际上是供应链企业间展开博弈的过程，其重点有两个。

①信息效率问题：如何尽量减少信息成本，促进信息的显示和传递？

②激励相容问题：如何让供应链成员目标与供应链整体目标保持一致？

运用博弈分析策略，供应链企业间能够较好地进行信息显示和传递，并形成机理相容。而机制设计理论同样可以看作博弈论和社会选择理论的综合运用。

随着供应链管理研究的不断发展，博弈分析策略的重要性也日益突出。通过对供应链上下游企业间的博弈行为进行分析研究，企业可以在战略、战术和操作层面建立完善的博弈模型，并以此作为供应链协同决策的理论基础。

为了达到这一目的，供应链成员应该建立更加完善的信息沟通、协商谈判机制，从而形成有效对策。

2. 供应链合作伙伴关系策略

目前，供应链合作伙伴关系已经成为供应链管理的重要策略，建立供应链组织则是该策略的关键环节。

需要注意的是，合作伙伴关系并非短期、简单的交易关系，而是一种长期、稳定的合作关系，可以将供应链成员打造为一个命运共同体。

为了确保该命运共同体的有效运营和共赢，供应链组织必须妥善解决与标准、方式、程序、规模等相关的问题，并建立选择和评价机制，淘汰资质较差、缺乏诚信的企业，将具有竞争优势和高信誉度的企业纳入供应链组织，并通过签订协议维持合作伙伴关系。

3. 供应链委托——代理关系策略

在建立合作伙伴关系之后，供应链组织要进一步发挥效用，则可以采用供应链委托——代理关系策略，从供应商到客户构成一个委托——代理关系链，在更复杂的情况下，则可以形成委托——代理关系网络。

特别强调的是，供应链委托——代理关系策略的有效性必然以规范的关系合同作为基础。只有在按照法律规范签订委托——代理关系合同之后，才能确保双方切实履行责任和义务。

4. 信息网络技术策略

无论是供应链博弈分析还是供应链组织的管理运营，都离不开高效的信息沟通和业务协同，这就需要信息网络技术策略作为基础。在信息时代，供应链必须遵循信息网络技术策略，加速供应链运营的信息化发展。

具体而言，在企业内部，要借助信息系统协调各项业务的处理跟进；在企业之间，可以通过电子商务实现供应链业务流程的协同。

如今，快速发展的协同商务正在加速供应链各节点的有效连接，并帮助企业找到最佳的供应链合作伙伴，以获得协同效应。

与此同时，在集成了整合供应链网络的信息网络中，供应链知识管理也得以推进，供应链各节点企业都可以借此获取、分享、使用信息和知识，进而创造更大价值。

6.4　智慧供应链已成趋势

2018 年 8 月，在第二届阿里巴巴供应链开放日，阿里巴巴再次抛出一个令业界惊叹的新概念——智慧供应链，并发布了阿里智慧供应链服务——"水晶球"。

"水晶球"就像一个商业智慧大脑，为零售业务提供供应链管理的优化方案以及大数据决策能力，其目的就是通过该平台帮助商家把生意"越做越简单"。

据阿里巴巴供应链平台事业部产品技术负责人何峻介绍："智慧供应链平台可以利用大数据实现精准的选品、智慧的预测、最优的线网布局以及平稳的库存管理等功能。"

阿里巴巴之所以能够打造出这样的供应链服务平台，正是因为在多年的布局中，阿里巴巴已经组建起一个高效、协同的供应链体系，借助淘宝、菜鸟网络、蚂蚁金服等平台，初步实现了商流、物流和资金流的三流合一。

聚焦于销售渠道，阿里巴巴也已经完成了全渠道的布局。比如以淘宝、天猫为代表的电商渠道；以饿了么、口碑为代表的生活服务渠道；以盒马鲜生、大润发为代表的线下渠道；以易果为代表的供应链渠道……

智慧供应链的趋势已经形成！

新零售被视为流通业的第四次革命。以客户需求为核心的新零售正在驱动线上、线下渠道与物流的深度融合。随着新零售的深入发展，传统的单渠道零售模式正在向多渠道、跨渠道发展，并逐步向全渠道的零售模式转型。

供应链不仅要满足客户对产品本身的需求，更要满足客户对全渠道产品与服务的整合性需求。因此，当今供应链的价值不再是简单的产品或服务，而是二者整合形成的客户个性化需求解决方案。

要实现这一目标，智慧供应链就成为供应链发展转型的必然方向。

传统的供应链被简单地理解为物流或采购，而智慧供应链则是一种新的定义，包含人才供应链、信息供应链、财务供应链、大数据分析等多项创新内容。借助多样化的数字化、智能化手段，供应链能够准确预测并快速满足客户需求，真正成为纵横连接的新时代供应链网络。

6.4.1　智慧供应链的主要特征

以客户需求为核心，供应链如果仍然处于传统运营模式下，则很难适应个性化需求。因此，智慧供应链呈现出 3 个主要特征。

（1）需求个性化。面对海量的个性化需求，智慧供应链需要支撑小众化定制产品的发展，也要推动商品、服务、促销等信息的精准推送；

（2）价值参与化。要切实满足客户的个性化需求，就要借助产品反向定制、信息共享等手段，让客户参与到价值创造当中；

（3）场景多元化。智慧供应链愈发重视场景的多元化。在未来，智能冰箱等智能设备甚至可以成为销售终端。

6.4.2　智慧供应链的全渠道整合

在新零售时代，线上、线下渠道不再处于割裂状态，只有真正对供应链各环节进行整合，实现全渠道供应链的一体化运营，智慧供应链才能更好地为客户需求提供有效的服务方案，如图 6.4-1 所示。

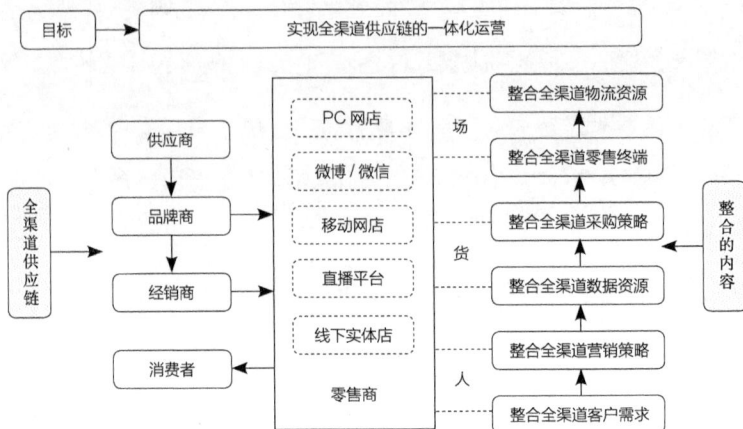

图 6.4-1　全渠道供应链一体化运营

智慧供应链将人、货、场进行分解，如图 6.4-2 所示。

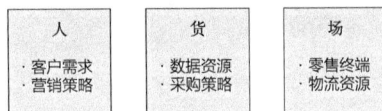

图 6.4-2　智慧供应链的人、货、场分解

1. 客户需求

准确识别客户需求和市场变化是实现智慧供应链运营的必然前提。在智慧供应链发展趋势下，供应链各环节必须对全渠道客户需求实现高效整合，包括客户特征、消费行为、服务需求等各类信息。

借助对全渠道客户需求的整合，客户数据的获取也将更加扁平化。这能帮助供应链切实了解客户的真实需求，从而实现精准采购和柔性生产，快速、精准响应客户需求。

2. 营销策略

新零售正在打破各个渠道的边界，而营销的边界也正在消融。在智慧供应链的运营管理中，营销内容不再是产品，而是以客户服务与体验为核心。因此，体验式营销愈发普及，而粉丝经济则被看作当今时代的突出特征。

在营销策略的整合中，智慧供应链能够构建出无边界和全渠道的营销网络，在协同与整合中，充分发挥线上线下营销渠道的优势，为客户提供立体化、多维度的体验服务。

3. 数据资源

数据是智慧供应链运营的核心资源。传统的供应链正在由线性向网状转型。智慧供应链的每个环节都需要被重新打造和组合，而这都需要以数据及对应系统为基础，如客户订单系统、库存管理系统等。

因此，智慧供应链要打破数据壁垒，通过数据采集、存储、流转、计算和分析，及时、准确地了解客户需求和与供应链相关的信息，从而在客户需求的指引下，实现对供应链各节点资源的充分整合。

4. 采购策略

采购与库存始终是供应链运营管理的一大痛点，而智慧供应链则能够对采购策略进行整合，借助采购的精准化和 SKU 的精选化，让库存始终"在路上"，进而缩短库存周期、降低库存成本。

采购策略的整合基础源自新零售时代的供应链短链化。只有打破传统中间环节的层层加码，采购策略才能实现有效整合，产品价格也不会因过多的中间环节而逐级递增，从而有效避免产品价格脱离产品本身价值。

5. 零售终端

在"一盘货"等新零售概念下，作为链接客户并进行交互的主要场所，零售终端的整合也是智慧供应链转型的关键内容。当下，零售终端的客户体验已经成为供应链的核心竞争优势。

零售终端的整合不只是门店布局的优化、设施设备的完善，更要借助人工智能、物联网等新技术进行赋能，在产品与服务的深度融合中，为客户提供更佳的体验。

6. 物流资源

物流是供应链运营的基础，在新零售时代，新物流更是逐渐成为供应链运营管理的主导力量。这是因为智慧供应链的各种整合都需要新物流作为支撑，使供应链解决方案能够快速落地实施。

在智慧供应链环境下，物流资源的整合涉及仓、运、配等各个环节，借助即时配送、店仓一体、云仓等手段持续降本增效的新物流，能够真正让消费者"随时、随地、随意"消费。

附：智慧供应链案例

1. 盒马鲜生

生鲜一直被电商看作"最难啃的骨头"，但盒马鲜生却以此为突破口，不仅稳扎脚跟，而且成为新零售时代的代表模式。

对其他生鲜电商而言，盒马鲜生最具借鉴意义之处有以下几点。

（1）坪效逻辑

与传统商超相比，盒马鲜生最突出的成绩就在于坪效。

当传统商超的坪效仅为 1.5 万元时，盒马鲜生却可以做出 3 ~ 5 倍的坪效。盒马鲜生是如何做到的呢？

坪效 = 单店总收入 ÷ 单店总面积

盒马鲜生的创始人侯毅为盒马鲜生进行了"顶层设计"，其解题逻辑是：在单店总面积不变的情况下，与其费力吸引更多到店客户，不如借助线上渠道提升门店总收入。如果线下门店可以通过线上渠道为更多客户服务，就可以产生一块完全不受店面面积制约的收入。

当侯毅带着这个想法找到当时的阿里巴巴执行总裁张勇时，两人在激烈的探讨中确立了这一模式的 4 个基本原则。

①线上收入必须大于线下收入，拓展更大的盈利空间；

②线上日均订单量必须大于 5 000 单，以覆盖运营成本；

③3 千米半径内实现 30 分钟送货，可规避冷链痛点并及时响应；

④线上线下一盘棋，满足不同消费场景。

（2）场景探索

生鲜电商的一大难题就在于客户信任：如何保证产品的生鲜度？

面对这一难题，盒马鲜生充分发挥线下门店的体验价值，探索出线下门店的全新价值。

与传统生鲜超市相比，盒马鲜生的关键区别就是堂食，其就餐区占地面积甚至高达店面运营面积的 1/3。

客户在门店购买海鲜之后，就可以送至加工档口进行加工并现场享用。

这样的消费场景为客户带来了极佳的消费体验，也让盒马鲜生赢得了客户信任，继而吸引客户在线上消费，提升门店总收入。

（3）供应链支撑

无论是坪效逻辑还是场景探索都是一种手段。而要真正实现落地，就需要供应链的支撑。

①源头采购。在采购环节，盒马鲜生抛弃了传统的批发商采购模式，而是直接从源头采购，从而控制物流成本，并在一次直达中确保物流品质。

②店仓一体。将门店与仓库融为一体，是盒马鲜生的创新模式。这能够简化末端配送，也可以借助准确的数据预测确保"30分钟送达"的实现。

③SKU简化。为了减少仓储成本，盒马鲜生始终将 SKU 控制在 4 000 ~ 5 000 以内。这就需要根据消费需求进行妥善选择。

在盒马鲜生诸多努力的背后，实际上仍是以目标客户需求为核心。因此，盒马鲜生始终坚持只能用盒马鲜生 APP 买单，为客户提供线上、线下一体化的服务体验。

2. 安踏的全新升级

2018 年 9 月 23 日，意大利品牌斐乐（FILA）在米兰时装周走秀，有 21

件产品在天猫实现"即看即买"。斐乐（FILA）成为第一个登上米兰时装周的运动品牌，也意味着其母公司安踏的国际化之路的开始。

近年来，从三四线城市起家的安踏，正在踏上一条令人侧目的收购之路。

日本品牌迪桑特、韩国户外可隆（Kolonsport）的中国区业务；

健步鞋斯潘迪（Sprandi）和童装品牌小笑牛；

芬兰运动品牌艾默（Amer）全球业务，旗下包含户外服装品牌始祖鸟、网球品牌威尔胜（Wilson）和越野登山品牌萨洛蒙（Salomon）；

…………

一系列令人眼花缭乱的收购，使安踏成为全球市值第四大的体育用品公司，其市值甚至超过李宁、特步和361之和。

这源自安踏对供应链的持续升级，也是安踏持续5年年收入增长超过20%的根源。

2017年，安踏再次对供应链体系进行智慧升级，其新铺设的高速生产线只需30名工人就能实现3 000双鞋的日产量。

随着新零售时代的到来，安踏坚持以供应链创新来满足客户的多元化需求，其创新原点就在于人、货、场的重构。

（1）人的重构

安踏集团丁世忠曾表示，"我现在最担心的是看不懂我们的消费者。我们要认真研究消费者——他们是谁、有什么特质、需求和痛点是什么。一个不关心消费者的企业是没有未来的。"

因此，在对供应链技术进行智慧升级的同时，安踏按照"单聚焦、多品牌、全渠道"战略开展工作。

（2）货的重构

2017 年，安踏推出个性化产品定制服务，客户只需加价 50 元即可对产品进行定制。

为此，安踏为定制业务单独成立了一个供应链小组，包含市场、销售、设计、生产等各环节，形成了一个相对完整且独立的体系，确保每位客户都可以在最短时间收到其定制产品。

（3）场的重构

2018 年，安踏继续布局线下门店，联手伯俊软件共同打造智慧门店。

借助智慧云货架、智能互动屏、试穿统计等设施，安踏开始对门店进行智慧升级，对消费场景进行重构。

以智慧云货架为例，客户可以通过该货架快速定位商品，并查看商品图片和详情，确定购物后可直接扫码完成付款。借助智慧云货架，门店可以采集可分析、可沉淀的客户行为数据，从而指导门店和商品运营。

3. 良品铺子的全渠道战略

在新零售时代，全渠道愈发成为供应链智慧升级的必选方向。近年来，虽然许多企业以"全渠道"为营销噱头，但其实质不过是一些线下门店与少数电商平台的产品联动，其客户数据甚至无法互通。

良品铺子作为我国休闲零食知名品牌，深刻展现了全渠道战略的内涵。

经过多年的数字化创新，良品铺子的销售渠道不断拓展，包含 2 100 多家线下门店以及本地生活平台、电商平台、社交电商等数十个线上渠道。

面对如此庞杂的渠道规模，良品铺子实现了真正的全渠道运营，实现了会员数据、产品、订单、促销、物流的互联互通，从而带来客户体验的全面提升。

从良品铺子的实践中我们可以发现：全渠道战略的关键其实并不在于渠道规模，而在于渠道整合。

有效的渠道整合能够帮助企业降低成本、提升效率，而其基础就在于渠道互通。

因此，从 2014 年下半年开始，良品铺子就与国际商业机器公司（IBM）、思爱普（SAP）达成合作，以构建全新的后台系统，并以此为基础打通前、中、后台数据。与此同时，为了有效整合 33 个线上平台，良品铺子又在该系统内整合了 10 多个子系统。

这样一套完善的智慧系统成为良品铺子全渠道管理的核心。良品铺子所有渠道的产品、客户、促销、物流信息都必须通过该系统进行互联。

以自动补货系统为例，良品铺子对门店的库存量设定为支撑 3 天销售。借助订单与库存系统的互联互通，当门店库存量低于设定值时，系统就会自动发出预警，总仓物流则会据此及时配货。

基于智慧系统的高效运转，良品铺子可以更加快捷地接入新渠道，如 O2O 门店、社交电商、官方 APP 等。

总结而言，良品铺子的全渠道战略为其实现了五大经营价值，即 O2O 闭环、产品创新、大数据营销、粉丝经济、品牌传播。因此，在产品品质、服务、效率等方面，客户体验都得到了全方位提升。

4. 7-11 的供应链经验

7-11 是日本零售业巨头，也是全球最大的连锁便利店品牌。

多年以来，7-11 的供应链管理模式先后经历了 4 个发展阶段。

（1）批发商直送阶段。由批发商直接将货物运送至门店。

（2）集约化配送阶段。通过区域划分，由特定批发商负责部分区域的货物配送并对该区域进行统一管理。

（3）共同配送中心阶段。按照区域、产品进行划分，组成共同配送中心，以实现多频次、多品种、小批量配送。

（4）细化配送阶段。对配送时间和配送种类进行细分，以确保食品的新鲜度。

7-11的供应链管理模式一直处于升级当中，而这离不开供应链技术的持续迭代。

7-11的供应链系统经历了4次重构，对应的核心系统分别如下。

①计算机购物系统；

② POS系统；

③单品管理及进货系统；

④综合信息系统研发。

如今，随着各类智慧系统的出现与成熟，7-11也再次展开了开放型系统的更新，以实现更好的供应链整合。

在深入研究7-11的供应链系统迭代中可以发现，每次系统迭代的背后都是基于对经营课题的提取和整理。以此为前提，7-11坚持寻找必要且可行性高的信息技术，并将二者融合，研究技术上的可行性、成本和收益，从而完成对新系统的开发设计。

5. 美国食品杂货分销商超价商店（SuperValu）的供应链创新

超价商店（SuperValu）是美国一家杂货产品批发商和零售商，也是美国供应链分销商三巨头之一。

分销就是厂商通过分销渠道将产品流转至客户手中，主要有厂商直销、批发、专业经销等多种模式。

在智慧供应链的短链化发展中，分销商在供应链中的地位也受到挑战，不仅越发远离供应链主导权，甚至成为诸多管理者重点"消除"的环节。

超价商店（SuperValu）则是为数不多的从分销商角度主导供应链整合的公司。为了确保对下游零售商的控制力，超价商店（SuperValu）收购了大量连锁零售门店，从而形成"批发＋零售"的混合业态，以突出的渠道优势掌握了供应链话语权。

从国内市场来看，基于不同的发展历史和商业环境，我国内地暂且没有类似超价商店（SuperValu）的供应链分销商。但在智慧供应链的模式探索中，超价商店（SuperValu）的供应链创新经验对我国内地企业而言仍然具有借鉴意义。